सजनवा बैरी हो गए हमार

सजनवा बैरी हो गए हमार

गीतकार शैलेंद्र का जीवन और लेखन

जयसिंह

वाम प्रकाशन

पहला संस्करण, जनवरी 2025

वाम प्रकाशन
2254/2 ए, शादी खामपुर
न्यू रंजीत नगर
नयी दिल्ली – 110008

वाम प्रकाशन और लेफ़्टवर्ड बुक्स नया रास्ता पब्लिशर्स प्रा.लि. की प्रकाशन शाखाएँ हैं।

leftword.com

ISBN 978-93-92017-60-5

Sajanva Bairi Ho Gaye Hamaar
Geetkaar Shailendra Ka Jeevan Aur Lekhan
By Jaisingh

अनुक्रम

'तीसरी क़सम' गायक - मुकेश

सजन रे झूठ मत बोलो
ख़ुदा के पास जाना है।
न हाथी है न घोड़ा है
वहाँ पैदल ही जाना है।

तुम्हारे महल चौबारे
यहीं रह जाएँगे सारे
अकड़ किस बात की प्यारे
ये सर फिर भी झुकाना है। सजन रे - - -

भला कीजे भला होगा
बुरा कीजे बुरा होगा
बही लिख लिख के क्या होगा
यहीं सब कुछ चुकाना है। सजन रे - - -

लड़कपन खेल में खोया
जवानी नींद भर सोया
बुढ़ापा देख कर रोया
वही किस्सा पुराना है। सजन रे - -

शैलेंद्र : मिट्टी की सोंधी ख़ुशबू

इरशाद कामिल

शैलेंद्र मिट्टी की सोंधी ख़ुशबू का गीतकार था या ख़ुद सोंधी ख़ुशबू था? शैलेंद्र किसान-मज़दूर का गीतकार था या ख़ुद गीतों का किसान-मज़दूर था? शैलेंद्र के गीतों में आम आदमी की आवाज़ थी या वो ख़ुद आम आदमी था? शैलेंद्र शब्दों में सपने बेचता था या सपनों ने उसे बेच दिया था? ये ऐसे सवाल हैं जो अक्सर मेरे आसपास घूमते रहते हैं। इन सवालों का जवाब जो भी हो, हर जवाब यही तय करेगा कि शैलेंद्र शब्दों का शिल्प जानता था, कविता की कला जानता था, भावनाओं के सागर की गहराई जानता था और लोगों के दिलों तक पहुंचने का रास्ता जानता था। ऐसे गीतकार को सिर्फ़ मन से नमन ही किया जा सकता है।

दरअसल, शैलेंद्र को जन-जन का गीतकार बनाने में मिट्टी की सोंधी ख़ुशबू, किसान-मज़दूर, ग़रीब-शोषित और आम आदमी के सुख-दुख की आवाज़, टूटते-बिखरते सपनों और उम्मीदों यानी सब कुछ का योगदान था। और इन सबसे बढ़कर, योगदान था उसकी अपनी संवेदनशीलता का। उसके बहुत-से गीतों में तत्कालीन समाज की ग़रीबी और बेबसी की झलक मिलती है। गीतकार, किरदारों के लिए लिखता है और किरदार एक कहानी के होते हैं, कहानी एक फिल्म की होती है और फ़िल्म किसी भी देश के समाज की झलक ही होती है। यहां ये रेखांकित करना भी ज़रूरी है कि ऐसा नहीं है कि इस गीतकार को सिर्फ़ ग़रीब-मज़दूर और बेबसों की ही कहानियां और किरदार मिले, प्यार-प्रकृति और रूमानी फ़ितरत में भी शैलेंद्र जैसा गीतकार का सानी आसानी से नहीं मिल सकता। ज़िंदगी के हर मोड़ पर इस गीतकार के गीत हमारे साथ खड़े मिल जाते हैं। शैलेंद्र के फिल्मी गीतों पर तो ख़ूब लिखा गया है लेकिन ग़ैर-फिल्मी गीतों-कविताओं पर उतना नहीं लिखा गया है। जबकि उनका

यह साहित्य कम महत्त्वपूर्ण नहीं है। इन गीतों-कविताओं की संख्या भले ही कम है, परंतु, आवाज़ और संदेश गहरे और मुखर हैं। इस किताब में उनके ग़ैर-फिल्मी गीतों पर भी विस्तार से चर्चा की गई है।

ऐसे गीतकार पर जितना लिखा जाए कम है, जब हम किसी के बारे में कुछ लिखते हैं या पढ़ते हैं तो दरसअल हम उसे समझने की कोशिश कर रहे होते हैं। किसी कवि या गीतकार को समझने का सबसे सही तरीक़ा उसके लिखे को पढ़ना या सुनना ही होता है। जब-जब हम शैलेंद्र के गीत सुनते हैं, हमें उनकी सादगी का पता चलता है, उनके मन में बसे देहात का पता चलता है और उस लोक संस्कृति का पता चलता है जिसका हिस्सा वो एक समय में स्वयं रहे होंगे। उनके गीत फ़िल्मों के ज़रूर हैं, लेकिन शब्दों की मिठास लोकगीतों जैसी है। उनके गीतों में 'पिंजरे वाली मुनिया' भी है, 'नदियों का उछल के चलना भी है', सजन को झूठ न बोलने की नसीहत भी है, रिमझिम 'बरसात' भी है, 'किसी की मुस्कुराहटों पे निसार' होने का संदेश भी है, 'जीने की तमन्ना' और 'दीवानापन' भी है। शायद इन्हीं सब से प्रभावित हो कर जय सिंह जी ने अपनी पुस्तक का नाम 'सजनवा बैरी हो गये हमार' रखा है।

जयसिंह जी ने गीतकार शैलेंद्र का जीवन अपने नज़रिए से देखा है। इन्होंने शैलेंद्र नाम के व्यक्ति और गीतकार, दोनों तक पहुंचने की कोशिश की है। मैं इस किताब के लेखक को बधाई देता हूं और पाठक को ये विश्वास दिलाता हूं कि गीतकारों की ज़िन्दगी मनोरंजक होती है, यक़ीन नहीं तो शैलेंद्र के बारे में पढ़कर देखिए।

प्रस्तावना

पहली बात तो यह कि शैलेंद्र सर्वप्रिय गीतकार हैं। मेरे लिए वे सर्वश्रेष्ठ हैं। दूसरी बात यह कि उनके गीत भारतीय सिने-संगीत की ऐतिहासिक धरोहर हैं। और तीसरी, सन् 2023 उनका जन्मशती वर्ष था। ये वे कारण हैं, जिन्होंने मुझे उन्हें याद करने, उनके गीतों पर चर्चा करने, गीतों के ज़रिए उनके जीवन-दर्शन को जानने-समझने के लिए प्रेरित किया। किताब के रूप में, मेरी यह छोटी-सी कोशिश है। गीतों के ज़रिए उन्हें जानने में यह किताब यदि थोड़ी भी सफल हो सकी तो यह मेरे लिए बड़ी बात होगी और सदी के इस महान गीतकार के प्रति एक सच्ची श्रद्धांजलि!

शैलेंद्र के दस-बीस-तीस नहीं, सैकड़ों गीत हैं जो बचपन से लेकर जवानी और बुढ़ापे तक अर्थात जीवन के शुरू होने से लेकर मृत्यु के अटल सत्य तक, हमें हंसाते-गुदगुदाते हैं, जीना, इन्सान से प्यार करना सिखाते हैं। सबसे बड़ी बात हमें कठिन समय में हिम्मत देते हैं। उनके गीत हॉन्ट भी करते हैं! 13-14 वर्षों के छोटे से दौर में शैलेंद्र ने 800 से अधिक गीत लिखे। सब के सब चर्चित। उनका शुरुआती जीवन संघर्षमय था। भूख-ग़रीबी झेली, इसी कारण, उनके गीतों में आम आदमी के सुख-दुख का चित्रण बख़ूबी हुआ है। जिसने भूख-ग़रीबी, सामाजिक असमानता देखी और भोगी हो, वही ऐसे गीत लिख सकता है। शैलेंद्र मात्र 39 वर्ष की उम्र में ही इस दुनिया से चले गए लेकिन अपने पीछे गीतों के रूप में सदियों की विरासत छोड़ गए।

तेरह साढ़े-तेरह वर्ष वे मथुरा में रहे। यहीं से उन्होंने हाई स्कूल की परीक्षा पास की। ग्यारहवीं में दाख़िला लिया लेकिन बारहवीं पास करने से पहले झांसी के सुपरवाइजरी ट्रेनिंग स्कूल में प्रशिक्षण प्राप्त करने चले गए जहां उनके प्रणय जीवन की शुरुआत हुई और तमाम आर्थिक-सामाजिक विरोधों के बीच अंततः शादी हो गई। उनके मथुरा प्रवास पर बहुत कम जानकारी उपलब्ध है। मैंने कोशिश की है कि शैलेंद्र के बचपन और मथुरा में बिताए हुए दिनों और उनकी साहित्यिक यात्रा के बिल्कुल शुरुआती दौर

को पाठकों के सामने लाया जाए। उस दौर में, भयंकर जातिगत भेदभाव था जिससे शैलेंद्र और उनका परिवार भी अछूता न रहा। रावलपिंडी में इस तरह की जातिगत असमानता तो नहीं थी मगर अंग्रेजी हुकूमत थी तो वहां उन्हें अलग तरह के नस्लवादी भेदभाव का सामना करना पड़ा, जिसका ज़िक्र शैलेंद्र ने अपने आत्म परिचय में किया है। लेकिन मथुरा में वह जिस कॉलोनी में रहे वहां पर उन्होंने जातिगत भेदभाव झेला। वे दलित थे और उस दौर में दलितों को खाने-पीने की तो बात ही छोड़िए किसी को छूने या किसी से छू जाने की इजाज़त नहीं थी।

रावलपिंडी में, उनके घर में संगीत का माहौल था, उनके पिताजी भजन गाते थे, मां भी गाने-बजाने में सिद्धहस्त थीं और स्वयं शैलेंद्र डफली बजाते थे। मथुरा की उस रेलवे कालोनी के जिस घर में शैलेंद्र रहते थे, वह भजन-संगीत के साथ, डफली के लिए भी चर्चित था। मोहल्ले में जब भी कोई नाच-गाने का कार्यक्रम होता था तो उनकी मां को बुलाया जाता था लेकिन उन्हें अन्य महिलाओं से दूर बिठाया जाता था। महिला गीत-संगीत के बाद पान देने की परंपरा थी जिसे बीड़ा कहा जाता था। यह बीड़ा शैलेंद्र की मां को हाथ के पंखे पर रखकर दिया जाता था। यह बात मथुरा के डॉ. अशोक बंसल ने शैलेंद्र के दोस्त द्वारका की पत्नी से मिली जानकारी के साथ मुझे बताई। उनके सबसे छोटे पुत्र दिनेश शंकर शैलेंद्र से एक रोचक जानकारी और मिली कि शैलेंद्र हॉकी के शौकीन ही नहीं माहिर खिलाड़ी थे और उन्होंने उस दौर के प्रसिद्ध हॉकी खिलाड़ी ध्यानचंद के साथ मैच भी खेला था और जीता भी, लेकिन एक दिन, एक मैच में जातिगत टिप्पणी के चलते उन्होंने हॉकी स्टिक को उसी ग्राउंड पर तोड़कर फेंक दिया और फिर आगे से कभी हॉकी ना खेलने का प्रण ले लिया।

भले ही मथुरा के दिन उनकी ग़रीबी, बेबसी, आशा-निराशा भरे रहे लेकिन उनके अंदर के कवि-गीतकार ने आकार लेना मथुरा में ही शुरू किया। मुंबई जाकर उनके शब्द ग़रीबों-मज़दूरों और शोषितों के लिए बुलंद आवाज़ बने। 'हर ज़ोर ज़ुल्म की टक्कर में हड़ताल हमारा नारा है' और 'तू ज़िंदा है तो ज़िंदगी की जीत में यकीन कर' इसी दौर में रचे गए। यही नहीं, अंग्रेज हुकूमत को ललकारने में भी वे बढ़-चढ़कर आगे रहे और जेल भी गए। अपने गीतों के ज़रिए वे विदेशी हुकूमत के सामने खड़े रहे तो आज़ादी के बाद, ग़रीबों-मज़दूरों की आवाज़ बनकर देसी हुकूमत को भी

आगाह करने से नहीं डरे। शैलेंद्र का फिल्मों में गीत लेखन शौकिया या पूर्व नियोजित नहीं था। उन्होंने मजबूरीवश फिल्मों में गीत लिखना शुरू किया लेकिन आगे चलकर वह फिल्मी गीतों के बादशाह बन गए। किरदारों के ज़रिए गीतों में ही अपनी बात कहने के अवसर तलाशने लगे। उन्हें अवसर मिले भी। इसके पीछे, आज़ादी के बाद देश-समाज निर्माण में आम आदमी को केंद्र मान बनी फिल्मों और निर्देशकों का भी महत्त्वपूर्ण योगदान है। उन्होंने तमाम अवसरों पर अपनी ही नहीं एक आम आदमी की भावनाओं को व्यक्त किया। यह उनकी एक ऐसी विशेषता है जो कम से कम हिंदी के गीतकारों में तो कम ही देखने को मिलती है। अगर उर्दू शायरों में साहिर लुधियानवी हैं तो हिंदीभाषी या हिंदी के गीतकारों में एकमात्र शैलेंद्र हैं जिन्होंने अपने गीतों की लाइन तो छोड़िए एक शब्द तक बदलना स्वीकार नहीं किया, फिर वह चाहे उनके जिगरी दोस्त राज कपूर ही क्यों ना हों। राज कपूर से लेकर विजय आनंद तक सब ने शैलेंद्र के गीतों को अपनी-अपनी फिल्मों के लिए अपरिहार्य माना। उन्होंने यह खुले मन से स्वीकार किया कि शैलेंद्र नहीं होते तो वे भी नहीं होते। उनकी फिल्मों की पहचान और लोकप्रियता के पीछे शैलेंद्र के गीतों का अमूल्य योगदान है।

इप्टा के कार्यक्रमों और आंदोलनों में सक्रिय भागीदारी के बाद शैलेंद्र की काव्य यात्रा ने अचानक मोड़ लिया। अगर कोई और गीतकार होता तो फिल्मों में तुकबंदी कर रहा होता लेकिन शैलेंद्र ने अपने विचार को फिल्मी गीतों की धुनों में मरने नहीं दिया बल्कि उन फिल्मों, किरदारों और धुनों को ही अमर कर दिया। यही ख़ूबी उन्हें सदी का महान गीतकार बनाती है। जो साहित्यकार लोक-देश की बात सैकड़ों-हजारों गीतों-कविताओं में जितनी कह पाए, उससे कई गुना शैलेंद्र के चंद फिल्मी गीत कह देते हैं।

किसी कवि-गीतकार या कहें कि किसी भी विधा के साहित्यकार की रचनाओं का आकलन उसकी साहित्यिकता और देश समाज के लिए उसकी सार्थकता, उपयोगिता के आधार पर किया जाता है। पौराणिक मिथक हों, प्रकृति चित्रण, विविध बिंब-विधान हो, छंदबद्ध या छंदमुक्त हो, व्यंग्य हो, उत्कृष्ट काव्य के सभी तत्त्व और रूप उनकी रचनाओं में मौजूद हैं। लोक के विविध रूप शैलेंद्र के फिल्मी और गैर-फिल्मी गीतों में हैं। उनका हर गीत लोक समर्पित है। बात उनके गैर-फिल्मी काव्य की करें तो

क्या शैलेंद्र के गीतों और उनकी ग़ैर फिल्मी रचनाओं के साथ वह न्याय हुआ है? अगर ऐसा होता तो उनके फिल्मी गीतों के साथ-साथ उनके गैर फ़िल्मी गीतों और कविताओं का मूल्यांकन होता और उन्हें साहित्य और शिक्षा जगत में उचित स्थान दिया जाता। उन्हें कम से कम हिंदीभाषी राज्यों में किसी शैक्षिक पाठ्यक्रम में शामिल किया जाता। उन पर चर्चा होती। अफ़सोस कि ऐसा हुआ नहीं! हुआ भी तो अपर्याप्त। उन्हें फिल्मों के लिए या कला-संस्कृति के क्षेत्र में योगदान के लिए कोई सर्वोच्च सम्मान भी नहीं दिया गया। शैलेंद्र के प्रति यह एक तरह से अन्याय हुआ है। ऐसा सायास हुआ या अनायास यह एक मुद्दा होना चाहिए। जिस मथुरा में वे रहे, वहां एक सड़क को उनका नाम देने में ही 60 साल लग गए! वह भी तब जब मथुरा की सांसद हेमा मालिनी ने कोशिश की। बहुत कम लोगों को पता होगा कि हेमा मालिनी की पहली फिल्म *सपनों का सौदागर* के लिए हेमा मालिनी और उनकी मां को राज कपूर से सबसे पहले मिलवाने वाले शैलेंद्र ही थे। (यह बात बकौल डॉ. अशोक बंसल स्वयं हेमा मालिनी ने उन्हें बताई)।

राज कपूर के लिए 'भारत के पुश्किन', फणीश्वरनाथ रेणु के लिए 'कविराज' तो गुलज़ार ने उन्हें कबीर के बाद का दर्जा दिया है। बक़ौल जावेद अख़्तर मजरूह सुल्तानपुरी कहते थे कि गीतकार तो सिर्फ़ एक है – शैलेंद्र! वे शैलेंद्र को एकमात्र गीतकार मानते थे। जावेद अख़्तर कहते हैं कि शैलेंद्र के नहीं होने का कितना बड़ा नुकसान हुआ है, हमें अंदाजा नहीं है। वे सिर्फ गीतकार ही नहीं, पब्लिक फ़िलॉसफ़र थे। जगजीवन राम ने शैलेंद्र को संत रविदास के बाद महान दलित कवि कहा। भोजपुरी के पहले कवि हीरा डोम के बाद शैलेंद्र ही इस क़तार में खड़े नजर आते हैं।

नागार्जुन ने शैलेंद्र के प्रति जो लिखा है उसकी कुछ पंक्तियां ही ... 'सच बतलाऊं तुम प्रतिभा के ज्योतिपुत्र थे, छाया क्या थी, भली भांति देखा था मैंने, दिल ही दिल थे, काया क्या थी। जहां कहीं भी अंतर मन से ऋतुओं की सरगम सुनते थे, ताजा कोमल शब्दों में तुम रेशम की जाली बुनते थे' शैलेंद्र के व्यक्तित्व की झलक दे देती हैं।'

हर ज़ोर-ज़ुल्म से टकराने वाले शैलेंद्र आगे चलकर 'आवारा हूं', 'किसी की मुस्कराहटों पे हो निसार' से लेकर, 'हम तो जाते अपने गाम अपनी राम राम राम' तक दुनिया के बदलते रिश्तों से भली-भांति परिचित हो चुके थे। अब तक दुनिया के

लिए लड़ने वाले, दुनिया की बात कहने वाले शैलेंद्र जब अपनी बात कहते हैं तो कुछ इस तरह कहते हैं –

जीवन के शत संघर्षों में रत रहकर भी
कभी-कभी याद आ ही जाती है बिखरी दुखभरी कहानी
जहर बुझे तीरों से आहट हुए हरिन-सा
सहसा तड़प छटपटाता मन
आंखों से बह चलता पानी।

तड़पते-छटपटाते मन की बात *तीसरी कसम* में कुछ इस तरह व्यक्त होती है –

चिठिया हो तो हर कोई बांचे भाग न बांचे कोय करमवा बैरी हो गए हमार।
सजनवा बैरी हो गए हमार।

किताब में, अनजाने में कोई तथ्य या अहम गीतों का ज़िक्र रह गया होगा तो इसके लिए पाठकों से क्षमा प्रार्थी हूं। शैलेंद्र पर सब कुछ लिखने का दावा बिलकुल नहीं कर सकता। हां,जो कुछ कहा है उस पर शैलेंद्र के चाहने वाले और पाठकों से प्रतिक्रियाओं का स्वागत है।

शैलेंद्र पर पुस्तक लिखने का पहला श्रेय वाम प्रकाशन के संपादक संजय कुंदन को देना चाहूंगा। अगर वे मुझ पर इतना भरोसा नहीं करते तो शायद यह पुस्तक अस्तित्व में नहीं आ पाती। शैलेंद्र की बेटी अमला शैलेंद्र मजूमदार, बेटे दिनेश शंकर शैलेंद्र का विशेष आभार जिन्होंने महत्त्वपूर्ण तथ्य और शैलेंद्र से जुड़ी घटनाएं साझा कीं। पुस्तक में ली गईं अधिकतर तस्वीरें दिनेश शंकर शैलेंद्र की सहमति से फ़ेसबुक वॉल से हैं। झांसी में तैनात रेलवे के जनसंपर्क अधिकारी मनोज सिंह ने झांसी रेलवे स्टेशन पर लगे पत्थर और सुपरवाइजर ट्रेनिंग स्कूल की तस्वीरें उपलब्ध कराईं। उनका आभार। मथुरा के लेखक-साहित्यकार डॉ. अशोक बंसल का विशेष आभार जिन्होंने मथुरा से जुड़ी शैलेंद्र के जीवन की अत्यंत महत्त्वपूर्ण बातों से अवगत कराया।

इन सब के अलावा, जिनसे मुझे लिखने की प्रेरणा मिली, जिन्होंने मुझे क़दम-क़दम आगे चलने की राह दिखाई और हिम्मत बढ़ाई, वे हैं उनके गीत! जी हां, उनके गीतों का फ़लक इतना विस्तृत है कि उन सभी गीतों पर बात करने के लिए कई-कई पुस्तकें लिखनी पड़ेंगी।

जयसिंह

1. कवि सम्मेलन, मुंबई, 1946

इस कवि सम्मेलन में कई जाने-माने कवियों को आमंत्रित किया जाता है। मंच पर इन कवियों के बीच एक नौजवान कवि भी है। संचालक इस युवा कवि को कविता पाठ के लिए आमंत्रित करता है। युवा कवि स्टेज पर आता है और अपने ख़ास अंदाज़ में माइक पकड़ता है। हॉल में श्रोताओं का जायज़ा लेता है। मंच पर उपस्थित सभी कवियों को देखकर, श्रोताओं की ओर मुख़ातिब होता है। हॉल में उसकी जोशीली आवाज़ गूंजने लगती है – 'मेरी बगिया में आग लगा गयो रे गोरा परदेसी..।' इसके बाद दूसरी कविता सुनाता है – 'जलता है पंजाब साथियो ... ।' इस कविता के समाप्त होते-होते, हॉल तालियों की गड़गड़ाहट से गूंज उठता है।

श्रोताओं में पिता-पुत्र की एक जोड़ी भी बैठी है। इस युवा कवि और उसकी कविता के तेवर की कायल हो जाती है यह जोड़ी। कवि सम्मेलन समाप्त होता है। उसके बाद सभी के लिए भोज। इस भोज के दौरान, पुत्र उस नौजवान कवि के पास जाता है और कहता है, 'मैं पृथ्वीराज कपूर का बेटा हूं। *आग* फिल्म बना रहा हूं, क्या उसके लिए आप गीत लिखेंगे?'

इस पर यह नौजवान कवि जवाब देता है, 'मैं पैसे के लिए नहीं लिखता। और ऐसी कोई बात नहीं है जो मुझे आपकी फिल्म में लिखने के लिए प्रेरणा दे।' यह सुनकर पुत्र कहता है, 'कोई बात नहीं।' और अपना कार्ड उस नौजवान कवि की जेब में डाल देता है और कहता है, 'यदि तुम कभी भी मुझसे मिलना चाहो तुम्हारा हमेशा स्वागत है।'

समय आगे बढ़ जाता है। दो साल बाद, उस नौजवान कवि की शादी हो जाती है। समय कुछ और आगे बढ़ जाता है। उस नौजवान कवि के जीवन में ख़ुशियां आने को हैं लेकिन पैसे की तंगी से ख़ुशियों पर ग्रहण लगने लगा है। ख़र्चा चलाना मुश्किल हो जाता है। एक दिन पत्नी को अस्पताल ले जाने की नौबत आ जाती है। कवि के पास पैसे नहीं हैं। परेशान कवि कमरे में चक्कर लगाने लगता है। क्या करे, किससे

मांगे, कहां जाए? तभी उसे उस कवि सम्मेलन में मिले उस नौजवान के शब्द याद आने लगते हैं। वह उस कार्ड को ढूंढ़ने लगता है। पैंट की जेब में उसे वह कागज यानी विजिटिंग कार्ड मिल जाता है। इस पर मुंबई के महालक्ष्मी एरिया के एक ऑफिस का पता दर्ज है। नौजवान कवि अपनी ख़ुद्दारी से समझौता कर उस दफ़्तर तक पहुंच जाता है।

वह नौजवान कवि का गर्मजोशी से स्वागत करता है। कवि उस नौजवान को याद दिलाता है, 'पहचाना मुझे, आप एक मर्तबा मेरे पास आए थे फिल्मों में गाने लिखवाने के लिए।' नौजवान ने कहा – 'हां, तुम तो वही कवि हो, कहो कैसे आना हुआ?'

'मुझे 500 रुपये की ज़रूरत है। अभी मेरी वाइफ को कुछ प्रॉब्लम है। जो मुनासिब हो काम करा लीजिए।' बिना लाग-लपेट के कवि सीधे उनसे क़र्ज़ के रूप में पैसे मांगता है। उस नौजवान की जेब में उस समय सिर्फ 300 रुपये ही थे, लिहाजा नौजवान ऑफिस बॉय को भेजकर बगल के स्टूडियो से 200 रुपये उधार मंगवाता है। इस बीच, ऑफिस में फाइनेंस का ज़िम्मा संभालने वाले सज्जन नौजवान को एक किनारे ले जाकर कान में फुसफुसाते हैं कि यह क्या कर रहे हो? इस आदमी का हुलिया देखा है? तुम 500 रुपये इसको दे रहे हो, ऐसा क्यों कर रहे हो?

नौजवान ने उनको शांत रहने का इशारा किया और कहा कि मैं जो कुछ कर रहा हूं अपने पैसे से कर रहा हूं आप इसमें इंटरफीयर ना करें। तब तक बगल वाले ऑफिस से पैसे आ जाते हैं। नौजवान 500 रुपये कवि को दे देता है। कवि कहता है, 'शायद थोड़ा सा टाइम लग जाएगा लौटाने में।'

इस पर नौजवान कहता है, 'अभी तो जिस काम के लिए पैसे दिए हैं वह काम करो, बाकी हम देख लेंगे।' कवि जल्दी ही पैसे वापस कर देने का वादा कर दफ़्तर से निकल आता है। उन पैसों से अपनी पत्नी का इलाज कराता है। समय अपनी गति से और आगे बढ़ता है।

एक दिन, यह कवि पैसे लौटाने नौजवान के ऑफिस में पहुंचता है और पैसे निकाल नौजवान के हाथ पर रख देता है। कहता है 'यह 500 रुपये आप ने दिए थे, यह ले लीजिए।' नौजवान वह पैसे फिर से कवि की शर्ट में डाल देता है। कवि पूछता है, 'यह क्या?'

नौजवान बोलता है, 'आपने क्या समझ रखा है, मैं क्या कोई मनी लेंडर हूं कि मैं आपको पैसे उधार दूंगा और आप रिटर्न करेंगे और उसका ब्याज देंगे। मैं मनी लेंडर नहीं हूं, मैं फिल्म बनाता हूं और फिल्म ही बनाऊंगा। ठीक है, एक काम करो, हमारी फिल्म बन रही है बरसात, जिसमें दो गाने अभी भी बाकी हैं। उसके दो गाने तुम लिख दो तो 500 रुपये बराबर हो जाएंगे।'

इस बीच, फिर से वही सज्जन बीच में आते हैं और नौजवान से कहते हैं कि बाकी राइटरों को आप 100-150 दे रहे हो एक गाने का और आप इन को 'पर गाना 250' कैसे दे सकते हो, तो नौजवान ने फिर कहा कि 'आप शांत रहिए, मैं फिल्म बना रहा हूं और मुझे मालूम है कि किसको कितना देना है।'

तो ढाई सौ के हिसाब से इस कवि ने दो गाने लिखे। सबसे पहला गाना था- 'बरसात में हमसे मिले तुम सजन तुम से मिले हम, बरसात में,' और दूसरा था – 'पतली कमर है तिरछी नजर है ... ।' वह नौजवान कवि था – शैलेंद्र और नौजवान फिल्मकार था – राज कपूर। और फाइनेंस देखने वाले सज्जन थे – राज कपूर के सगे मामा विश्व मेहरा। इसके आगे का इतिहास हम सभी जानते हैं।

'बरसात में हमसे मिले तुम सनम तुमसे मिले हम' गीत फिल्म के साथ-साथ शैलेंद्र और गायिका लता मंगेशकर के लिए भी बहुत बड़ी उपलब्धि बना। इसी प्रकार 'पतली कमर है तिरछी नजर है' मुकेश के गाए हुए सर्वश्रेष्ठ गीतों में शुमार होता है। *बरसात* बतौर निर्माता-निर्देशक राज कपूर की पहली सफल फिल्म बनी तो इसके गीतों ने इतिहास रचा। टाइटल गीत 'बरसात में हमसे मिले तुम सनम तुमसे मिले हम' गीत को फिल्म इतिहास में पहला 'थीम सॉन्ग' होने का श्रेय मिला।

2. रावलपिंडी से मथुरा

रावलपिंडी के आर्मी क्वार्टर्स में केसरी लाल दास के यहां 30 अगस्त 1923 को एक बच्चे का जन्म हुआ। केसरी लाल शंकर के भक्त थे इसलिए उन्होंने अपने इस बच्चे का नाम शंकर रख दिया। स्कूल में नाम लिखवाया गया – शंकरलाल केसरी लाल दास। केसरीलाल रावलपिंडी के नहीं बिहार के आरा ज़िले के अख्तियारपुर गांव के थे। शैलेंद्र ने अपनी डायरी में अपने पिता, दादा-परदादा के नाम और पिता के जन्मस्थान के बारे में लिखा है। इसमें उन्होंने अपने पिता का नाम केसरी लाल, दादा का नाम दुर्गा दास और परदादा का नाम बुलाकी दास बताया है। डायरी में शैलेंद्र ने अपने पिता का जन्मस्थान इलाहाबाद बताया है। वे लिखते हैंः पिता का जन्मस्थान- इलाहाबाद, जन्मतिथि – 14 दिसंबर 1881, स्थायी पता: गांव अख्तियारपुर, तहसील और ज़िला – आरा, प्राविन्स – बिहार।[1] इससे लगता है कि संभवतः उनके दादा या पिता इलाहाबाद से आरा के अख्तियारपुर में जाकर बस गए (कई जगह उनके पुश्तैनी गांव का नाम धूसपुर लिखा मिलता है)।

केसरी लाल दलित थे। गांव में उन्हें जातिगत भेदभाव का सामना करना पड़ता था। गांव में उनकी माली हालत ठीक नहीं थी फिर भी उन्होंने पढ़ाई पर ध्यान दिया। उस वक़्त सेना में विभिन्न पदों पर भर्तियां चल रही थीं। जैसे ही मौक़ा मिला, उन्होंने गांव छोड़ दिया। आर्मी में भर्ती होने के बाद वे केसरीलाल से केसरीलाल सिंह हो गए। बतौर क्लर्क आर्मी में भर्ती होने वाले केसरीलाल सिंह आगे चलकर तरक़्क़ी पा गए और क्लर्क से कैंटीन मैनेजर बन गए। मेहनत और सरकारी नौकरी, फिर बड़ा ओहदा पाने के बाद से आर्थिक स्थति बेहतर होती गई। उस ज़माने में कैंटीन मैनेजर की पोस्ट बड़ी मानी जाती थी, इस लिहाज से केसरीलाल सिंह उस दौर में समृद्ध थे।

शैलेंद्र ने अपने आत्म परिचय में लिखा हैः

[1] शैलेंद्र की डायरी, 17 जनवरी 1953।

प्रकृति के विस्मयकारी कार्यकलाप भी बहुत बचपन में ही देखने को मिले। कोहमरी (अब पाकिस्तान में) की वे रातें, चीखने-चिंघाड़ने की आवाजें आ रही हैं, कोई जानवर है या प्रेत? भयभीत जागता रहा हूं, कब नींद आई मालूम नहीं। सबेरा हुआ, तो दरवाजा नहीं खुलता, बर्फ जम गयी है। पिताजी फावड़े से बर्फ हटा रहे हैं। बर्फ हटेगी तो दरवाजा खुलेगा, और कोहमरी में ही विदेशी शासन के अन्याय का पहला अनुभव हुआ था। मैं और बहन श्यामा तितलियां पकड़ रहे थे। नीचे ढाल पर सड़क से जा रहे थे कान्वेन्ट के अंग्रेज विद्यार्थी लड़के। किसी एक ने पत्थर मारा। बहन की कनपटी से खून बह रहा था – हम काले अपने बाप-दादाओं की जमीन पर स्वच्छंद क्यों घूम रहे हैं, इसी की जलन थी उन गोरे संपोलों को ... ।'[2]

शैलेंद्र की बेटी अमला शैलेंद्र मजूमदार के अनुसारः

शैलेंद्र के पिताजी आर्मी की कैंटीन में तैनात थे। कोहमरी जिसे अंग्रेजी में टनल कहते हैं, जो आज की तारीख में मरी के नाम से मशहूर है, पाकिस्तान में एक मशहूर हिल स्टेशन है। कोहमरी में ही शैलेंद्र बड़े हुए और स्कूल जाने लगे। यहीं पर वे आर्मी परेड देखा करते थे। यह आज़ादी से पहले की बात है। तीन छोटे भाई थे – पुरुषोत्तम दास, प्रहलाद भक्त और कैलाश चंद्र और बाबा का नाम शंकर दास राव था। उस समय सरनेम राव था। 1940-41 में वे शंकर शैलेंद्र के नाम से और 1949 में शैलेंद्र नाम से लिखने लगे।[3]

हिमालय की वादियों में बसा कोहमरी हिल स्टेशन तब भारत का ही एक हिस्सा हुआ करता था।

शैलेंद्र के घर में ख़ुशी का माहौल था। वे स्कूल में पढ़ने वाले तमाम अन्य विद्यार्थियों से कहीं अधिक तेज़ थे लेकिन एक बार एक बच्चे को पिटते देखकर इतना

[2] मैं, मेरा कवि और मेरे गीत, *धर्मयुग* में प्रकाशित शैलेंद्र का आत्म परिचय, 16 मई 1965।

[3] लेखक की अमला शैलेंद्र से बातचीत, 18 नवंबर 2023।

डर गए कि उन्होंने स्कूल जाना ही छोड़ दिया। बाद में बहुत समझाने-बुझाने के बाद स्कूल जाने के लिए फिर से तैयार हुए। ख़ैर, वे पढ़ने में तेज थे तो उन्हें वजीफ़ा भी मिलने लगा। बचपन अच्छा था। पास के मंदिर में भजन-कीर्तन सुनने जाते थे। शैलेंद्र के मन में संगीत के प्रति राग बचपन से ही पैदा होने लगा था। संगीत के प्रति लगाव, भक्ति और भजन में लीनता का ही नतीजा है कि आगे चलकर शैलेंद्र ने एक से बढ़कर एक भजन लिखे। फिल्मों के लिए लिखे भजन आज तक गाए जाते हैं।

रावलपिंडी में सब कुछ ठीक-ठाक था। हंसता खेलता बचपन था, पढ़ाई थी, पढ़ाई में मन लगता था लेकिन ऐसा कुछ हुआ कि केसरीलाल सिंह की माली हालत ख़राब हो गई।

> उनके पिताजी आर्मी कैंटीन में मैनेजर थे। उस टाइम वे काफ़ी अमीर हुआ करते थे। हमारे बाबा के पास उस समय ख़ुद की एक बग्गी थी जो उस ज़माने में बहुत बड़ी बात मानी जाती थी। सब कुछ अच्छा चल रहा था। बाबा नज़दीक के, इतना नज़दीक भी नहीं, थोड़ी दूर पर, शिवजी का एक मंदिर था, वहां जाकर बड़ी शिद्दत से पूजा करते थे और भजन गाते थे, डफली बजाते थे लेकिन हुआ यह कि हमारे दादा जी ने वही गलती की जो बाद में बाबा ने ख़ुद की थी। ऐसा कुछ काम कर दिया कि रातों-रात सब ख़त्म हो गया।[4]

ग़रीबी का दुश्चक्र फिर से शुरू हो गया। नौकरी भी नहीं रही। अब सवाल पैदा हो गया कि इतने बड़े परिवार को चलाएं कैसे? जाएं कहां, करें क्या? इसी बीच शैलेंद्र के बड़े भाई बिशंभर दास की नौकरी मथुरा में रेलवे में लग गई। बड़े भाई ने मथुरा आने के लिए कहा तो शैलेंद्र के पिता केसरीलाल झट से तैयार हो गए और इस प्रकार पूरा परिवार मथुरा आ गया। मथुरा में धौली प्याऊ के नाम से जगह है वहां के रेलवे क्वार्टर्स में यह परिवार रहने लगा। ये क्वार्टर्स तब '27 क्वार्टर्स' के नाम से मशहूर थे। ग़रीबी ने इस परिवार को पूरी तरह से घेर लिया था। शंकरलाल केसरीदास पढ़ने में होशियार थे मगर स्कूल की फीस देने के लिए पैसे नहीं थे। खाने-पीने के लाले पड़े हुए थे। पेट

[4] लेखक की दिनेश शंकर शैलेंद्र से बातचीत, 18 नवंबर 2022।

की आग बुझाने के लिए बालक शैलेंद्र सिगरेट पीने लगा। उसको उस समय पता चला कि सिगरेट पीने से भूख मरती है तो भूख को मारने के लिए सिगरेट की आग जलने लगी। 15 साल की उम्र में जो बच्चा अपने पेट की भूख मिटाने के लिए बीड़ी-सिगरेट पीने लगे तो इस बात का अंदाज़ा लगाया जा सकता है कि ग़रीबी और भूख का प्रकोप कितना बड़ा था और भूख शांत करने के लिए बालमन को यह उपाय सूझा!

भगवान में उनकी पूर्ण आस्था थी। इसीलिए स्कूल के साथ-साथ मंदिर जाना जारी रहा। मंदिर में जाकर भजन गाना रोज़मर्रा की आदत थी और अक्सर नंगे पांव ही मंदिर जाते थे। इस आस्था ने तब दम तोड़ दिया जब शैलेंद्र की इकलौती बहन बीमार पड़ गई। ग़रीबी की वजह से उस बहन का इलाज उनके पिता नहीं करा पाए। तबीयत बिगड़ती गई, बिगड़ती गई और दूसरी तरफ शैलेंद्र मंदिरों में जाकर अपनी बहन के ठीक होने की मन्नतें मांगते रहे। मगर बिना पैसों और इलाज के उनकी बहन इस दुनिया से चली गई।

ठीक यही खेल नियति ने उनकी मां के साथ खेला। मां को बचाने की ख़ातिर शैलेंद्र नंगे पैर फिर से मंदिरों में प्रार्थना करने लगे। भगवान से मां को बचाने की भीख मांगने लगे लेकिन उनकी मां भी नहीं बच सकीं। इसी के साथ बालक शैलेंद्र की ईश्वर में आस्था भी चली गई। उन्होंने ईश्वर में विश्वास करना हमेशा के लिए छोड़ दिया।

लगभग 20 वर्षों के बाद शैलेंद्र ने जब *सीमा* फिल्म के गीत लिखे तो उसमें वे शायद इन्हीं छालों की बात करते हैं और अंधेरे को दूर करने के लिए मन का दीया जलाने की सलाह देते हैं न कि किसी मंदिर में नंगे पांव जाकर दिया जलाने की। यह गीत बलराज साहनी पर फिल्माया गया हैः

कहां जा रहा है तू ऐ जाने वाले
अँधेरा है मन का दीया तो जला ले
निशा मंज़िलों के ये पैरों के छाले
कहां जा रहा है तू ऐ जाने वाले
कभी ये भी सोचा कि मंज़िल कहां है
बड़े से जहां में तेरा घर कहां है
जो बंधे थे बंधन वो क्यों तोड़ डाले ...

शैलेंद्र के लिखे हुए भजनों में ख़ासकर फिल्मों के लिए लिखे गए भजनों में जो दया-याचना, प्रार्थना, मन्नत अर्थात मंगौती, भगवान से मान-मनुहार और शिकायतें मिलती हैं, वे सब उनके बचपन में भगवान के प्रति समर्पण की ही देन हैं।

बहन और मां की मृत्यु के बाद वह पूरी तरह नास्तिक ज़रूर हो गए लेकिन जो भक्ति भावना बचपन में उनके दिल में जागी, वह उनके कोमल हृदय पर अपनी अमिट छाप छोड़ गई। दो दशक बाद जब उन्हें हिंदी फिल्मों के लिए भजन लिखने का अवसर मिला तो शायद उन्होंने अपनी उन दिनों की स्मृति को टटोला होगा, उन अनुभूतियों से फिर से गुज़रने की कोशिश की होगी, जो बचपन में उनके भीतर रहती होगी। उनकी इन कोशिशों का ही नतीजा ऐसे अनमोल यादगार भजनों के रूप में निकला जिन्हें आज भी लाखों लोग भक्ति भावना से गुनगुनाते हैं।

मथुरा में शैलेंद्र के जीवन का वह हिस्सा बीता जिसने आगे चलकर एक नए शैलेंद्र को जन्म दिया। स्कूल और इंटरमीडिएट की शिक्षा, कविता की ओर रुझान, निरंतर बनी रही ग़रीबी। परंतु इन सब के साथ ही, उनके जीवन को नई दिशा देने के लिए कुछ लोगों का उन्हें साथ भी मिला। उन्हीं में से एक थे दत्त साहब (देवव्रत दत्त)। शैलेंद्र का स्कूल में एडमिशन तो हो गया था लेकिन फीस के लिए पैसे नहीं थे। फीस के लिए पैसे नहीं थे तो आगे की पढ़ाई कैसे हो? अब यह चिंता शैलेंद्र से अधिक उनके पिता को सताने लगी। इसी वक्त स्कूल के बंगाली हेड मास्टर दत्ता साहब ने शैलेंद्र का हाथ पकड़ा उनकी फीस के पैसे भरे और एक तरह से उन्हें अडॉप्ट कर लिया।

दरअसल दत्ता साहब शैलेंद्र की प्रतिभा से बहुत प्रभावित थे। उन्हें विश्वास था कि आगे चलकर यह लड़का कुछ असाधारण कार्य करेगा। इसलिए वह शैलेंद्र की मदद के लिए आगे आए। शैलेंद्र उनके ही घर पर रहकर पढ़ाई करने लगे। स्कूल की पढ़ाई पूरी करने के बाद शैलेंद्र राजकीय हाईस्कूल में चले गए जहां उन्होंने टॉप किया। हाई स्कूल की बोर्ड परीक्षा के लिए पांच रुपये फीस जमा करनी थी लेकिन शैलेंद्र के पास सिर्फ तीन रुपये थे। उनके दोस्त विनय कुमार जैन ने अपने पिता से बाकी के पैसे जमा कराए। विनय कुमार के पिता गवर्नमेंट हाई स्कूल के वाइस प्रिंसिपल थे। स्वाभिमानी शैलेंद्र को यह अच्छा नहीं लगा। इसके बाद, शैलेंद्र ने मथुरा के किशोरी रमण कॉलेज में दाखिला ले लिया। यहां तक आते-आते परिवार की आर्थिक मजबूरियां बढ़ने लगीं।

घर का ख़र्च चलाना मुश्किल हो रहा था। ऐसे में शैलेंद्र के पास स्कॉलरशिप और बाकी बच्चों को ट्यूशन पढ़ाकर अपनी पढ़ाई का ख़र्चा निकालने के अलावा कोई विकल्प नहीं था।

डॉ. अशोक बंसल ने शैलेंद्र से जुड़ा अपना एक रोचक अनुभव साझा कियाः

> यहां पर रेलवे कॉलोनी है। इनके भाई रेलवे में काम किया करते थे। उन्हीं के यहां ये रहा करते थे। इसी रेलवे कालोनी की एक दुकान में एक बुज़ुर्ग आदमी बैठा हुआ था। गर्मियों के दिन थे, नंगे बदन बैठा था। मेरे साथ एक कवि मित्र थे उन्होंने बताया कि यह बाबूलाल है और यह शैलेंद्र का दोस्त है। मुझे यक़ीन नहीं हुआ। मैंने कहा, अच्छा, चलो बात करते हैं। 90 साल के बाबूलाल ने बहुत सारे किस्से शैलेंद्र के बताए जो किसी को पता नहीं थे। न किसी ने उससे पूछे न किसी को उसने बताए। मुझे उसने यहां की और बंबई की भी बहुत बातें बताईं। उसने बताया कि यहां किशोरी रमण इंटर कॉलेज में हम लोग पढ़ा करते थे। अंताक्षरी करता था वह। मैं उससे कहता था कि तू यह भांडगिरी कब छोड़ेगा भाई। *तीसरी कसम* फिल्म फेल हो गई तब एक दिन वह यहां आया था। बोला 'चल यार बाबूलाल किशोरी रमण'।[5]

(मज़ेदार बात भी है कि यह अकेला कॉलेज है, उस ज़माने का जहां 1922 के रजिस्टर रखे हुए हैं। जिसमें अन्य छात्रों के साथ शैलेंद्र का भी नाम है।)

यह वह समय था जब शैलेंद्र का जीवन नया आकार ले रहा था। उनकी सोच विकसित हो रही थी। कविता में दिलचस्पी बढ़ रही थी। हालांकि मथुरा में बिताए हुए उन के इस शुरुआती सफ़र के बारे में बहुत अधिक जानकारी नहीं मिलती है। सिर्फ़ इतना मिलता है कि रावलपिंडी में जब उनके पिता की आर्थिक हालत बहुत बिगड़ गई और रहने का ठिकाना भी न रहा तो मजबूरीवश अपने बड़े भाई के पास मथुरा आ गए। और यहां पर शैलेंद्र ने शुरुआती पढ़ाई की और उसके बाद वे मुंबई चले गए।

मुंबई जाने के बाद उनका फिल्मी सफ़र शुरू हुआ तो उनके फिल्मी जीवन पर तो

[5] लेखक की डॉ. अशोक बंसल से बातचीत, 24 दिसंबर 2023।

बहुत कुछ मिलता है लेकिन मथुरा में बिताए हुए उनके इस महत्त्वपूर्ण दौर के बारे में बहुत सीमित जानकारी उपलब्ध है। उनके सहपाठी बाबूलाल शर्मा के मुताबिक शैलेंद्र की कविता में दिलचस्पी कक्षा 9 में ही जाग चुकी थी। स्कूल के बाद शैलेंद्र यमुना किनारे चले जाते थे और वहां बैठकर कविताएं लिखा करते थे। यमुना किनारे बैठकर कविता लिखने का यह सिलसिला मुंबई में समुंदर किनारे गीत लिखने तक चलता रहा। कहा जाता है कि वह अक्सर जुहू बीच पर चले जाते थे और वहां पर बैठे-बैठे कई गीत लिख लेते थे। कविता के बाद उनका एक और शौक था जिस पर बहुत कम चर्चा हुई है, वह है हॉकी! उन्हें हॉकी खेलने का बहुत शौक था। शैलेंद्र हॉकी के बहुत अच्छे खिलाड़ी थे और लेफ्ट फॉरवर्ड खेलते थे।

बाबूलाल शर्मा के मुताबिक एक बार ध्यान चंद अपनी टीम लेकर मथुरा आए। उनका शैलेंद्र की टीम के साथ मुक़ाबला हुआ। इस मैच को लेकर मथुरा में बेहद जोश का माहौल था क्योंकि ध्यानचंद उस समय काफ़ी मशहूर हो चुके थे। सब आश्वस्त थे कि कुछ भी हो जाए मैच तो ध्यानचंद की टीम ही जीतेगी। यही नहीं, ध्यानचंद ने शैलेंद्र से कहां कि कुछ भी हो जाए पहला गोल हम ही मारेंगे।

मैच शुरू हुआ। शैलेंद्र बॉल लेकर लेफ्ट साइड से आगे बढ़े, उन्होंने बाबूलाल शर्मा जी को पास दिया। बाबूलाल शर्मा जी सेंटर फॉरवर्ड थे और उन्होंने गोल कर दिया। मथुरा के लोग इस पहले गोल पर झूम उठे। कुल मिलाकर इस मैच में 25 गोल हुए और आपको ताज्जुब हो सकता है कि 25 में से 24 गोल मथुरा की टीम ने किए! ध्यानचंद की टीम मात्र एक गोल कर पाई।

मथुरा के लोगों के लिए एक ऐतिहासिक मैच था लेकिन इस मैच की चर्चा बहुत कम होती है। हॉकी से जुड़ी एक और घटना है जिसका ज़िक्र आवश्यक है। मथुरा में ही एक बार शैलेंद्र हॉकी खेल रहे थे। सवर्ण जाति के एक लड़के ने उन पर व्यंग्य किया कि अब यह भी हॉकी खेलेंगे। (उसका आशय शैलेंद्र की जाति से था) शैलेंद्र को यह बात चुभ गई। उनको उस लड़के की टिप्पणी इतनी बुरी लगी कि उसी वक़्त उन्होंने अपनी स्टिक को घुटने पर लगाकर तोड़ डाला और मैदान में फेंक दिया। लेकिन हॉकी से उनका रिश्ता आगे भी बना रहा। हॉकी से उन्होंने रिश्ता ज़िंदगी भर नहीं छोड़ा। तब भी नहीं जब वह मुंबई फिल्म इंडस्ट्री में चोटी के गीतकार बन चुके थे। तमाम

मथुरा का किशोरी रमण इन्टर कॉलेज।

व्यस्तताओं के बीच वे हॉकी के लिए समय निकाल ही लिया करते थे। इस बात का ज़िक्र उन्होंने अपनी डायरी में भी किया है।

शैलेंद्र पढ़ाई करते थे, हॉकी खेलते थे, यमुना किनारे जाकर अब कविताएं भी लिखते थे। इस बीच उन्हें साहित्य पढ़ने का भी चस्का लग चुका था लेकिन ग़रीबी के कारण किताबें खरीद नहीं पाते थे। उनका मन होता था कि हिंदी और अंग्रेजी के कवियों की पुस्तकें ख़रीदें और उन्हें पढ़ें। पेट की भूख के लिए तो शैलेंद्र बीड़ी पीकर काम चला लिया करते थे लेकिन पढ़ने की भूख बीड़ी-सिगरेट से बुझने वाली नहीं थी। उसके लिए किताबें चाहिए और किताबें ख़रीदने के लिए पैसे, जो उनके पास नहीं होते थे।

किताबें पढ़ने की चाह ने शैलेंद्र को मथुरा रेलवे स्टेशन तक पहुंचा दिया। मथुरा रेलवे स्टेशन पर एएचएम बुक डीलर के पास जाकर शैलेंद्र किताबें पढ़ने लगे। शैलेंद्र की लगन देखकर उस बुक सेलर ने उन्हें तमाम किताबें पढ़ने को दीं जिनमें हिंदी और अंग्रेजी दोनों की किताबें होती थीं। शैलेंद्र हिंदी और इंग्लिश दोनों पढ़ने-समझने लगे

थे। कवियों में उन्हें विशेष रुचि थी इसलिए उन्होंने यहां पर कीट्स, वर्ड्सवर्थ जैसे विदेशी कवियों को ख़ूब पढ़ा। अपने यहां के शीर्ष कवियों की रचनाएं भी उन्होंने खूब पढ़ीं। वर्ड्सवर्थ, जैसे कभी उनके पसंदीदा बन गए जिनका गहरा प्रभाव शैलेंद्र पर पड़ा जो उनके हिंदी गीतों, कविताओं और विचारों में देखा जा सकता है। इन महान कवियों की कविताओं से प्रेरणा शैलेंद्र ने ग्रहण की। विलियम बटलर यीटस् की एक लाइन है 'थिंक लाइक ए वाइज मैन बट कम्यूनकैट इन द लैंग्वेज ऑफ पीपल।'

शैलेंद्र के गीतों और कविताओं को देखकर सुनकर यह बात बख़ूबी समझी जा सकती है कि उन्होंने यीटस् के इस कथन का जिंदगीभर अनुसरण किया अर्थात आम लोगों के लिए आम, सहज और सरल भाषा में गीत लिखे। हालांकि इस सहजता में भी विचार से या फिर जो बात कहनी होती थी, उससे कहीं भी समझौता नहीं किया।

एक तरह से मथुरा उनकी काव्य प्रतिभा के पैदा होने, पनपने और उसके समृद्ध होने का दौर माना जा सकता है। यहीं पर उन्होंने कविताएं लिखना सीखा, कविताएं पढ़ना सीखा और यहीं से उन्होंने काव्य गोष्ठियों-कवि सम्मेलनों में मंच से गीत सुनाना सीखा। इस बीच, वे पढ़ाई में भी अव्वल आते रहे। दत्ता साहब ने जो भरोसा प्यार और अपनत्व शैलेंद्र को दिया, उसको उन्होंने अपने मन में गांठ बांधकर रख लिया। बोर्ड की परीक्षा में शैलेंद्र पूरे प्रदेश में तीसरे स्थान पर थे। यह बात 1939 की है। तब वे 16 साल के थे।

बकौल बाबू लाल शैलेंद्र बाद में भी मथुरा आते रहते थे। मथुरा आते ही वे गुनगुनाते थे – 'जहां पर मेरी मथुरा नगरी, वहां पर जमुना जल, तू चला चल।' अपनी गली गंगासिंह के नुक्कड़ पर बैठकर वे कहते थे – 'मरने के बाद चरचा होगी तेरी गली में, मरना तेरी गली में, जीना तेरी गली में। ... शैलेंद्र *तीसरी कसम* की नाकामयाबी के बाद मथुरा आए तो बोले यार एक फिल्म बनाने की इच्छा है जिसमें केआर इंटर कॉलेज और अपनी गंगा सिंह गली के दृश्य फिल्माना चाहूंगा। शैलेंद्र की यह इच्छा पूरी नहीं हुई'।[6]

पढ़ने-लिखने, खेलने और कविता करने की उनकी ललक और लगन का अंदाज़ा हम इस बात से भी लगा सकते हैं कि उन्होंने इनमें से किसी के भी साथ कोई समझौता

[6] मथुरा में शैलेंद्र ढपली और द्वारिका बांसुरी बजाते थे, *अमर उजाला* काव्य डेस्क, 2017।

नहीं किया। परिस्थितियां भले ही विपरीत थीं, रास्ते कठिन थे फिर भी शैलेंद्र ने हार नहीं मानी। इस लिहाज से मथुरा ने शैलेंद्र को बहुत कुछ दिया। यह बात अलग है कि आगे चलकर मथुरा उन्हें भूल गया। हालांकि मथुरा के उनके कुछ दोस्त शैलेंद्र को हमेशा याद करते रहे। मथुरा भले ही उन्हें भूल गया लेकिन वह मथुरा को कभी नहीं भूले। मुंबई में फिल्मी दुनिया के अलावा वह जिस जगह को याद करते थे वह मथुरा ही था।

शैलेंद्र की डायरी में मथुरा का ज़िक्र बार-बार आता है। एक जगह पर वह लिखते हैं कि एक कवि सम्मेलन में एक गोरे के साथ दो हिंदुस्तानी लड़कियां आई थीं। उन्होंने शैलेंद्र का इंटरव्यू लिया और ऑटोग्राफ भी लिया। शैलेंद्र ने लिखा है कि पहली बार लड़कियों ने हमारा ऑटोग्राफ लिया था और हमें बहुत अच्छा लगा।[7]

इस कवि सम्मेलन का जो किस्सा है, उसके बारे में डॉ. अशोक बंसल ने काफ़ी खोजबीन की, तब उन्हें बलबीर रंग का संदर्भ मिला। डॉ. बंसल का वक्तव्य यहां उल्लेखनीय है –

> इतना बड़ा कवि मथुरा में रहा और लोगों को पता नहीं चला। मैं भी 72 से हूं, पचास साल हो गए। शैलेंद्र का जिक्र करने वाले आदमी ही नहीं मिले। फिर मैं और आगे बढ़ा तो मुझे बलबीर रंग मिले जो कवि थे। जो मैनपुरी के थे। उन्होंने बताया कि सन 1945 में एक कवि सम्मेलन धौली प्याऊ में हुआ था। रंग जी ने इसकी अध्यक्षता की थी। उस कवि सम्मेलन में कुछ अंग्रेज भी आए थे। कुर्ता पजामा पहन के डायरी लेकर कोई लड़का आकर बैठ गया मंच पर। उसने संचालक से कहा कि मैं भी कविता पाठ करूंगा। संचालक ने इजाज़त नहीं दी। रंग जी ने संचालक को आदेश दिया कि इस लड़के को पढ़ने दो। लोगों को शैलेंद्र की कविता पसंद आई। रंग जी बंबई जाते थे तो शैलेंद्र के घर पर ही रुका करते थे।[8]

[7] लेखक की दिनेश शंकर शैलेंद्र से बातचीत, 18 नवंबर 2022।

[8] लेखक की डॉ. अशोक बंसल से बातचीत, 24 दिसंबर 2023।

वर्कशॉप के सामने के मकान का किस्सा मथुरा के गिने-चुने लोगों को ही मालूम है कि इस मकान में किसी ज़माने में अमर गीतकार शैलेंद्र अपने दोस्त द्वारिका के साथ ढपली और बांसुरी बजाया करते थे। बाद में शैलेंद्र जब मुंबई जाकर फ़िल्म स्टार राजकपूर के दोस्त बने तो राजकपूर को शैलेंद्र का ढपली बजने का अंदाज़ बहुत पसंद आया। राजकपूर ने अपनी कई फ़िल्मों में ढपली बजाते गीत गाये। शैलेंद्र मथुरा से अपने साथ ढेर सारे खट्टे-मीठे अनुभवों के साथ अपनी ढपली भी लेकर गए जो मुंबई में माटुंगा के एक कमरे के रेलवे क्वार्टर में खूंटी पर टंगी रहती थी।

शैलेंद्र मथुरा में अपने बड़े भाई बीडी राव के साथ रहकर किशोरी रमण कॉलेज में पढ़ रहे थे। बाबूलाल और द्वारिका उनके दोस्त थे। बाबूलाल को गीत संगीत से कोई लेना-देना नहीं था जबकि शैलेंद्र और द्वारिका तुकबंदी, कविता और संगीत में ख़ूब दिलचस्पी लेते थे। मथुरा की पढ़ाई के बाद शैलेंद्र ने रेलवे में नौकरी शुरू की। कुछ वक़्त मथुरा में नौकरी की और फिर मुंबई चले गए। कुछ ही वर्षों में शैलेंद्र फ़िल्म के गीतकार के रूप में प्रसिद्धि के शिखर पर पहुंच गए। व्यस्तता के कारण द्वारिका से मेलजोल ख़त्म हो गया। शैलेंद्र और उनके परिवार को क़दम-क़दम पर जाति का दंश झेलना पड़ रहा था। डॉ. बंसल इस बारे में बताते हैं:

> सात-आठ दशक पुरानी इन सब बातों की प्रामाणिकता पर आप शायद यक़ीन न करें। मैं भी नहीं करता यदि मुझे शैलेंद्र के दोस्त द्वारिका की पत्नी श्रीमती पुष्पा और बेटे भारत ने शैलेंद्र की लिखी एक चिट्ठी न दिखाई होती। यह चिट्ठी शैलेंद्र के कवि हृदय का दर्पण है। यह चिट्ठी शैलेंद्र और द्वारिका की लड़कपन की गहरी दोस्ती का प्रमाण है। शैलेंद्र 1966 में 43 साल की उम्र में चले गए। द्वारिका ने शादी की। बच्चे हुए। लेकिन अपने दोस्त को नहीं भूल पाए। द्वारिका ने अपने छोटे बेटे का नाम शैलेंद्र रखा। आज शैलेंद्र को अपने नाम पर बेहद फ़ख्र है। द्वारिका अपनी पत्नी पुष्पा को अपने दोस्त शैलेंद्र की बचपन की यादों को साझा किया करते थे। द्वारिका भी नहीं रहे। लेकिन श्रीमती पुष्पा को पुरानी बातें ऐसे याद हैं जैसे उन्होंने शैलेंद्र को अपनी आंखों से देखा हो। उस ज़माने में जो जाति प्रथा थी वह साफ़-साफ़ दिखाई देती थी। समाज में उसको लेकर कोई हलचल

नहीं थी। कोई फंक्शन होता था तो उसमें गीत गए जाते थे। हर अवसर के गीत होते थे। जिसे आज महिला संगीत का नाम दे दिया है। पुष्पा ने बताया कि शैलेंद्र की मां भी उनके यहां आती-जाती थी, लेकिन उस वक्त जातिवाद की जड़ें बहुत मज़बूत थीं। घर में ख़ुशी के मौक़ों पर गाना-बजाना होता था तो महिलाओं को सम्मानपूर्वक बीड़ा (पान) पेश किया जाता था। ऐसे मौकों पर शैलेंद्र की मां आती थीं, लेकिन दलित होने के कारण उन्हें पान हाथ के पंखे यानी वीजना पर रखकर पेश किया जाता था न कि किसी प्लेट या तश्तरी में रखकर। ऐसा ही एक और किस्सा श्रीमती पुष्पा ने बताया कि पुराने सामंती जमाने में जातिवाद के घिनौने दृश्य कितने ही क्यों न हों लेकिन द्वारिका और शैलेंद्र की दोस्ती ने जाति व्यवस्था के छोटे-बड़े के भेद को सदैव ताक पर रखा। कई बार ऐसा हुआ कि दोनों दोस्त बातचीत में व्यस्त होते थे। इस दौरान खाने का वक़्त हो गया। द्वारिका की पुराने विचारों की बुआ अपने भतीजे के लिए थाली लाती थी। शैलेंद्र से खाने के लिए कहने का तो सवाल ही नहीं था, दलित जो थे। द्वारिका को यह अच्छा नहीं लगता था। वह बुआ के जाने का इंतज़ार करने लगता। बुआ चली जाती तो दोनों दोस्त एक ही थाली में खाना खा लेते। यह बात अलग थी कि जब बुआ को इस बात की भनक लगती थी तो द्वारिका को अकेले में डांट भी सुननी पड़ती। आज द्वारिका का परिवार शैलेंद्र की पुरानी यादों को संजोये हुए है और ऐसे हिफ़ाज़त कर रहा है जैसे पूर्वजों की छोड़ी मूल्यवान विरासत हो। द्वारिका के बेटे ने शैलेंद्र की अपने पिता के दोस्त शैलेंद्र की चिट्ठी लेमिनेट कराकर ऐसे सुरक्षित कर ली है जैसे यह किसी बादशाह द्वारा उनके पूर्वजों को दी गई कोई महत्त्वपूर्ण सनद हो'।[9]

मथुरा में शैलेंद्र के गीतों ने आकार लेना शुरू किया। विचार भी यहीं पनपे। दोस्ती भी यहीं परवान चढ़ी लेकिन इतने दिनों तक मथुरा अपने प्रिय गीतकार के नाम पर कोई स्मारक तो छोड़िए, एक सड़क तक उनके नाम नहीं कर सका। जबकि लगभग डेढ़ दशक तक शैलेंद्र ख़ालिस मथुरवासी बनकर यहां रहे। मथुरा के धौलीप्याऊ क्षेत्र की गली गंगा सिंह का नामकरण शैलेंद्र के नाम पर शैलेंद्र मार्ग 2017 में किया गया।

[9] वही।

शैलेंद्र मुंबई जाकर बड़े गीतकार बन गए। अब उन्हें किसी परिचय की ज़रूरत नहीं थी। उन पर बड़े-बड़े लेख लिखे जाते थे और भारी भरकम परिचय छपता था लेकिन उन्होंने अपने मित्र को जो परिचय भेजा वह यहां उल्लेखनीय है। उल्लेखनीय इसलिए है कि उन्हें ख़ुद के बारे में बहुत या बढ़ा-चढ़ाकर लिखने की आदत नहीं थी। कम शब्दों में सब कुछ बयां करना उनकी खूबी थी। शैलेंद्र ने लिखाः

> 30 अगस्त 1923 में रावलपिंडी में पैदा हुआ। पिताजी फ़ौज़ में थे। रहने वाले हैं बिहार के। पिता के रिटायर होने पर मथुरा में रहे, वहीं शिक्षा पायी। हमारे घर में भी उर्दू और फ़ारसी का रिवाज था लेकिन मेरी रुचि घर से कुछ भिन्न ही रही। हाईस्कूल से ही राष्ट्रीय ख़याल थे। सन 1942 में बंबई रेलवे में इंजीनियरिंग सीखने आया। अगस्त आंदोलन में जेल गया। कविता का शौक़ बना रहा। अगस्त सन् 1947 में श्री राज कपूर एक कवि सम्मेलन में मुझे पढ़ते देखकर प्रभावित हुए। मुझे फ़िल्म *आग* में लिखने के लिए कहा किन्तु मुझे फ़िल्मी लोगों से घृणा थी। सन् 1948 में शादी के बाद कम आमदनी से घर चलाना मुश्किल हो गया। इसलिए श्री राज कपूर के पास गया। उन्होंने तुरन्त अपने चित्र *बरसात* में लिखने का अवसर दिया। गीत चले, फिर क्या था, तबसे अभी तक आप लोगों की कृपा से बराबर व्यस्त हूं। मेरा विचार है कि इससे ज़्यादा लिखूं तो परिचय संक्षिप्त न रहकर दीर्घ हो जायेगा।[10]

एक बार जब बाबूलाल शैलेंद्र से मिलने मुंबई पहुंचे तो द्वारका का पता लेकर शैलेंद्र ने एक चिट्ठी लिखी। यह चिट्ठी डॉ. अशोक बंसल को मिली तो उन्हें द्वारका और शैलेंद्र की गहरी दोस्ती का पता चला। शैलेंद्र ने लिखा है, 'द्वारका तेरी याद आई तेरा पता मिल गया है मुझे। मैंने सोचा तुझे लिखा जाए और बाबूलाल एक दिन आया था यहां मैंने उससे पूछा था कि द्वारका कहां है। उसी ने तेरा पता दिया तो आज मैं लिख रहा हूं। तू क्या कर रहा है, कैसा है बता। और मैं अपने बारे में बताता हूं। मेरी भी शादी हुई, बच्चे हुए।'

[10] अपने मित्र विश्वेश्वर को लिखा शैलेंद्र का पत्र, 18 जनवरी 1957।

और फिर उन्होंने पांचों बच्चों की उम्र लिखी। फिर लिखा है कि मैंने अब फुल स्टॉप लगा दिया है। मैं तो वही काम कर रहा हूं फिल्मों में गीत लिखने का।[11]

मथुरा के दोस्तों के पास शैलेंद्र की बहुत यादें ताउम्र रहीं। अधिकतर दोस्त भी अब इस दुनिया में नहीं हैं लेकिन उनके परिजन इन यादों को सहेजे हुए हैं। शैलेंद्र मुंबई की चकाचौंध और अपने व्यस्त जीवन में भी मथुरा को कभी नहीं भूले, मथुरा भले ही उन्हें याद न रख सका!

[11] लेखक की डॉ. अशोक बंसल से बातचीत, 24 दिसंबर 2023।

3. झांसी और माटुंगा रेलवे वर्कशॉप

मथुरा में रहते हुए ही शैलेंद्र ने झांसी के सुपरवाइजरी ट्रेनिंग स्कूल में दाख़िले के लिए आवेदन कर दिया। रेलवे में अप्रेंटिसशिप के लिए झांसी के स्कूल में शैलेंद्र का दाख़िला हो गया। यह 1942 की बात है। 1942 से 1946 तक शैलेंद्र झांसी में रहे। झांसी में शैलेंद्र स्टेशन मास्टर के रेलवे क्वार्टर में रहे। उन्हें एक कमरा दे दिया गया था।

झांसी में उनके जीवन में कई पड़ाव आए। कई यादगार और सुखद घटनाएं घटीं! सबसे सुखद और महत्त्वपूर्ण घटना थी प्रेम का पदार्पण। स्टेशन मास्टर साहब की एक बेटी थी जिससे शैलेंद्र को प्रेम हो गया। बिखरे और अभावग्रस्त बचपन, कठिन और संघर्षपूर्ण किशोरावस्था के बाद शैलेंद्र के जीवन में एक लड़की का आना सच में बहुत बड़ी घटना थी। शैलेंद्र भले ही ग़रीबी और अभावों में पले-बढ़े थे लेकिन अपनी बात साफ़-साफ़, बिना लाग-लपेट के कहने वाले थे। साफ़गोई उनकी ताक़त थी। उसका अंजाम क्या होगा इस बात की फ़िक्र उन्हें ताज़िंदगी कभी भी नहीं रही।

ख़ैर, यहां बात प्रेम की थी, नए जीवन और सुखद भविष्य की थी। रिस्क लेते हुए उन्होंने अपने प्रेम का इजहार किया और इस बारे में स्टेशन मास्टर साहब को भी बता दिया। उस ज़माने में प्रेम करना तो दूर, उसका इजहार करना भी बड़ी बात होती थी। हालांकि ऐसा नहीं था कि तब प्रेम और प्रेम विवाह नहीं होते थे, होते थे लेकिन शैलेंद्र जिस सामाजिक पृष्ठभूमि से आते थे, वहां यह कोई सामान्य घटना नहीं थी।

स्टेशन मास्टर साहब बहुत भले दिल के, समझदार व्यक्ति थे। और उन्हें शैलेंद्र पसंद भी थे। वे उनकी सादगी से प्रभावित थे। उनका कहना था कि अगर उनकी बेटी इस रिश्ते के लिए तैयार है तो हमें कोई आपत्ति नहीं! सो उन्होंने शादी के लिए हामी भर दी लेकिन लड़की के सात भाई और छह बहनों में शैलेंद्र के लिए आम सहमति नहीं थी। नाते-रिश्तेदार तो पहले ही नाराज़ हो गए थे। दिनेश शंकर शैलेंद्र बताते हैं:

जब शादी हुई थी तो हमारे बिरादरी के जितने भी लोग थे उन्होंने शादी का बायकाट किया था। इसका कारण यह था कि हमारी मदर और उनकी बड़ी बहन की शादी एक ही साथ हुई थी और बड़ी बहन की शादी सुभाष चंद्र बोस की इंडियन आर्मी के डॉक्टर थे, उनके साथ हुई थी, तो रिश्तेदारों ने नानाजी को कहा कि यह क्या कर रहे हो? एक बेटी की शादी डॉक्टर के साथ और दूसरी बेटी की शादी एक ऐसे आदमी के साथ कर रहे हो जिसके पास कुछ नहीं है। वह सिर्फ एक कुर्ते पजामा में शादी करने आया है। मतलब उनके पास शादी के लायक कपड़े भी नहीं थे। नाराजगी इस बात को लेकर थी कि शादी के कपड़े भी नहीं हैं, आप अपनी लड़की को कहां झोंक रहे हो! हमारे नाना ने बोला कि जो भी है, जैसा भी है आदमी हमारी बेटी को प्यार करता है और वह हमारी बेटी को अच्छी तरह रखेगा। यह शादी हम जरूर करेंगे। शादी हो गई और वह वापस मुंबई आ गए। उनकी एक कविता भी है नई नई शादी जो आपको इंटरनेट पर मिल जाएगी। वे किस तरह मुंबई आए और मकान ढूंढ़ रहे थे। इस बीच हमारी मदर की चिट्ठी भी आई कि हमको यहां से ले जाओ अपने साथ, हम तुम्हारे साथ रहना चाहते हैं। दिनभर की मेहनत के बाद वह शाम को मकान ढूंढ़ने निकलते थे। यह सब उस कविता में बहुत अच्छी तरह बताया है कि हर जगह वे जाते थे तो किस तरह पगड़ी मांगी जाती थी और वह उस नौकरी में पगड़ी देने लायक नहीं थे। किसी तरह उनको रेलवे क्वार्टर में एक रूम मिल गया था चारबाग में। वहां वह अपनी पत्नी को लेकर आए।[1]

शादी और फिर मुंबई जाने की इस दास्तान के बीच झांसी में बहुत कुछ घटित हुआ जिसका शैलेंद्र के जीवन से सीधा संबंध था। मथुरा में उन्हें बहुत कम लोग जानते थे। मगर झांसी के उस ट्रेनिंग स्कूल में शैलेंद्र काफ़ी मशहूर हो गए थे। इसकी एक वजह उनकी कविताएं थीं। उस स्कूल के खेल मैदान में एक जगह पर पत्थर था जिस पर बैठकर शैलेंद्र कविताएं लिखा करते थे। अक्सर शाम के वक़्त वे यहीं पर बैठते थे।

1946 तक शैलेंद्र झांसी में रहे। जिस ट्रेनिंग स्कूल से उन्होंने अप्रेंटिसशिप की,

[1] लेखक की दिनेश शंकर शैलेंद्र से बातचीत, 18 नवंबर 2022।

वह पत्थर जिस पर बैठ कर शैलेंद्र कविताएं लिखते थे।

उसी के मैदान में हॉकी भी खेली और पत्थर पर बैठकर कविताएं लिखीं। इस स्कूल की लाइब्रेरी में भी वे काफ़ी समय बिताते थे। शैलेंद्र के सम्मान में इस लाइब्रेरी का नाम शैलेंद्र वाचनालय रखा गया है।

मथुरा में ध्यानचंद की टीम को हराने वाले शैलेंद्र के जीवन का एक हिस्सा झांसी में बीता तो ध्यानचंद के जीवन का आख़िरी समय झांसी में बीता। हालांकि उनकी मृत्यु नई दिल्ली के आयुर्विज्ञान संस्थान में हुई लेकिन उनका अंतिम संस्कार झांसी के हीरोज मैदान में किया गया। इस तरह झांसी को रानी लक्ष्मीबाई और 1857 के प्रथम स्वतंत्रता संग्राम के लिए ही नहीं, शैलेंद्र के लिए भी याद किया जाता है। झांसी रेलवे स्टेशन पर एक पत्थर लगा हुआ है जिस पर लिखा है कि गीतकार शैलेंद्र के कारण झांसी विश्व भर में प्रसिद्ध है। झांसी में ही शैलेंद्र का प्रेम परवान चढ़ा!

खैर, अप्रेंटिसशिप पूरी होने और शादी के बाद शैलेंद्र सपनों की नगरी मुंबई आ गए, माटुंगा में एक किराये का क्वार्टर भी मिल गया। लेकिन अपने जीवन का आधा हिस्सा यानी अपनी अर्धांगिनी को झांसी ही छोड़ आए थे। शैलेंद्र रोज़ काम से लौटने

के बाद मकान ढूंढने निकलते थे लेकिन जैसा कि सभी जानते हैं, मुंबई में बिना पगड़ी के मकान मिलता नहीं। और पगड़ी के लिए शैलेंद्र के पास पैसे नहीं होते थे। इस बेबसी और दुविधा को शैलेंद्र ने अपने एक गीत में बखूबी बयां किया है –

सोचा था, ढूंढूंगा कहीं मकान
नहीं-बस, एक कोठरी
एक कोठरी ही काफ़ी है
दोनों सुख से साथ रहेंगे
जैसे किसी घोंसले में कपोत की जोड़ी
साथ रहेंगे तो जीवन की परेशानियां
आधी आधी बंट जावेंगी

बड़ी मशक़्क़त के बाद चारबाग में उन्हें एक कमरा मिला। उधर उनकी पत्नी चिट्ठी लिखकर उनसे आग्रह करतीं कि हमको भी मुंबई बुला लो। उनका यह कहना होता था कि हमें झांसी में नहीं आपके साथ रहना है इसलिए हमको मुंबई बुला लो। ख़ैर चारबाग में कमरा मिलने के बाद उन्होंने झट से अपनी पत्नी को संदेशा भिजवा दिया 'मकान मिल गया है और हम आपको लेने आते हैं।' इस तरह गृहस्थी की गाड़ी चारबाग के उस एक कमरे के मकान से शुरू हुई।

रेलवे में छोटी-सी नौकरी, एक कमरे का मकान, उसी से चलना था दो जन का जीवन। पहले से पैसा कुछ नहीं था, हाथ में बचता भी कुछ नहीं था। जैसे तैसे जीवन की गाड़ी खिसक रही थी। यही वह समय था जब शैलेंद्र की कविता में ग़रीबी, बेबसी और प्रतिरोध झलकने लगा।

मुंबई में उस समय प्रोग्रेसिव राइटर्स ग्रुप सक्रिय था जिससे काफ़ी लेखक जुड़े थे। ओपेरा हाउस थिएटर के सामने इस ग्रुप की मीटिंग होती थी। छोटी-मोटी कवि गोष्ठियां होती थीं। शैलेंद्र यहां जाने लगे। यहीं पर इनकी मुलाकात कैफ़ी आज़मी से हुई। कैफ़ी आज़मी शैलेंद्र से काफी प्रभावित हुए। इसीलिए जब 'एकता' नाम का एक ग्रुप बना तो शैलेंद्र को भी उसका फाउंडर मेंबर बनाया गया। यह ग्रुप नाटक करता

प्रगतिशील आंदोलन के तीन कलाकार: दीना गांधी (पाठक), शैलेंद्र, सलिल चौधरी।

था जिसके लिए शैलेंद्र गीत लिखने लगे। यहीं पर शैलेंद्र का एक गीत 'तू जिंदा है तो ज़िंदगी की जीत पर यकीन कर' रचा गया। आगे चलकर यह गीत बहुत मशहूर हो गया और हर नाटक से पहले गाया जाने लगा। यह चलन आज तक जारी है। नाटक ही नहीं यह गीत हौसला, एकता, हक के लिए आवाज़ उठाने का एक पर्याय बन चुका है। गीत के कुछ अंतरे हैं: –

तू जिंदा है तो ज़िंदगी की जीत में यकीन कर,
अगर कहीं है स्वर्ग तो उतार ला ज़मीन पर!
ये ग़म के और चार दिन, सितम के और चार दिन,
ये दिन भी जाएंगे गुज़र, गुज़र गए हज़ार दिन,
कभी तो होगी इस चमन पर भी बहार की नज़र!
अगर कहीं है स्वर्ग तो उतार ला ज़मीन पर! ... तू ज़िन्दा है
बुरी है आग पेट की, बुरे हैं दिल के दाग़ ये,
न दब सकेंगे, एक दिन बनेंगे इन्क़लाब ये,

गिरेंगे ज़ुल्म के महल, बनेंगे फिर नवीन घर!
अगर कहीं है स्वर्ग तो उतार ला ज़मीन पर! ...[2]

भला शैलेंद्र से अधिक पेट की आग को कौन महसूस कर सकता था। हारे हुए, थके हुए असफल आदमी के लिए यह शब्द हौसला और हिम्मत ही नहीं देते, जीने की, कुछ हासिल करने की, जीतने की एक ज़िद भी पैदा करते हैं।

ओपेरा हाउस के सामने शैलेंद्र अपनी कविताएं सुनाते थे। उनकी कविताओं को सुनने के लिए लोग इकट्ठे हो जाते थे। इसी संस्था के एक कार्यक्रम में शैलेंद्र ने अपना वह गीत भी सुनाया था, जिसे सुनकर राज कपूर ने अपनी फिल्म *आग* में गीत लिखने का न्यौता दिया। यह गीत था –

जलता है जलता है पंजाब हमारा प्यारा
भगत सिंह की आंखों का तारा
किसने हमारे जलियां वाले बाग़ में आग लगाई
किसने हमारे देश में फूट की यह ज्वाला धधकाई
किसने माता की अस्मत को बुरी नज़र से ताका
धर्म और मज़हब से अपनी बदनीयत को ढांका
कौन सुखाने चला है पांचों नदियों की जलधारा।

[2] कविता कोश से साभार।

4. हिसाब बराबर हो गया

शैलेंद्र ने *बरसात* फिल्म के लिए दो गाने लिखकर राज कपूर से अपना हिसाब बराबर कर लिया था लेकिन भारतीय सिनेमा और गीत-संगीत के चाहने वाले करोड़ों भारतवासियों पर शैलेंद्र का क़र्ज़ चढ़ना था। राज कपूर की *बरसात* ने राज कपूर के ऊपर पैसों की बरसात कर दी। फिल्म के साथ-साथ फिल्म के गाने ख़ूब चले। बरसात का शीर्षक गीत 'हमसे मिले तुम सनम तुमसे मिले हम बरसात में' ने सारे रिकॉर्ड तोड़े। उस ज़माने में इस फिल्म ने दो करोड़ रुपये से ज़्यादा कमाए। राज कपूर रातों-रात अमीर हो गए। उन्होंने सबसे पहले उन पैसों से चेंबूर में बहुत बड़ी ज़मीन ख़रीदी जहां पर आगे चलकर उनके सपनों का आरके स्टूडियो खड़ा हुआ। साथ ही, राज कपूर अपनी अगली फिल्म की तैयारी में लग गए।

राज कपूर को शैलेंद्र याद आए। उन्होंने उनसे कहा कि इस फिल्म में भी गाने तुम ही लिखो। तब शैलेंद्र बोले, 'देखिए हमने आपसे 500 लिए थे वह हिसाब बराबर हो गया है, और वैसे भी मुझे फिल्म इंडस्ट्री में कोई इंटरेस्ट नहीं है। मैं आपकी फिल्म के लिए गाने आगे नहीं लिखना चाहता।' राज कपूर ने कहा, 'कोई बात नहीं आवारा नाम की एक स्टोरी है। स्टोरी तो सुन लो!' शैलेंद्र तैयार हो गए।

राज कपूर अपनी गाड़ी में शैलेंद्र को बिठाकर ले गए ख़्वाजा अहमद अब्बास के घर, जो यह फिल्म लिख रहे थे। राज कपूर और शैलेंद्र अब्बास साहब के घर पहुंच गए। अब्बास साहब ने राज कपूर का स्वागत किया लेकिन शैलेंद्र की तरफ़ कोई ज़्यादा ध्यान नहीं दिया। इसकी एक यह वजह रही होगी कि शैलेंद्र वर्कशॉप से सीधे राज कपूर के पास गए थे। वे वेल्डिंग के टाइम पर पहनी जाने वाली पोशाक में थे जिस पर जगह-जगह वेल्डिंग के निशान थे।

अब्बास साहब ने राज कपूर को आवारा की पूरी स्टोरी सुनाई। यह स्टोरी नैरेशन लगभग दो घंटे से ज़्यादा समय तक चला। ख़ैर स्टोरी ख़त्म हुई तो अब्बास साहब ने

राज कपूर, आशा भोसले, जयकिशन और शैलेंद्र।

राज कपूर की तरफ़ देखा और राज साहब ने शैलेंद्र की तरफ़! फिर बोले, 'कविराज कुछ कहो।' शैलेंद्र ने कहा कि बहुत अच्छी स्टोरी है। इस पर राज कपूर ने कहा कि स्टोरी तो अच्छी है यह मुझे भी मालूम है लेकिन तुम्हारे दिमाग़ में पहले क्या आया?

शैलेंद्र ने छूटते ही कहा, 'गर्दिश में था आसमान का तारा था, आवारा था।' अब्बास साहब ने जब यह लाइन सुनी तो चौंक गए। उन्होंने राज साहब से शैलेंद्र का नाम फिर से पूछा और कहा कि इस आदमी ने मेरी ढाई घंटे की नैरेशन को एक लाइन में सुना दिया। फिर क्या था, राज साहब शैलेंद्र को समझाने में लग गए कि देखो तुमने इतनी बड़ी स्टोरी को एक लाइन में सुना दिया और इसमें मेरी फिल्म का टाइटल सॉन्ग मुझे दिख रहा है। तुम लिखो गाने।

तब शैलेंद्र ने कहा कि हम आपकी फिल्म के लिए अपनी नौकरी नहीं छोड़ने वाले, ठीक है आप ज़िद कर रहे हो तो गाने लिख दूंगा। शैलेंद्र ने *आवारा* के गाने लिखे। बाकी सब इतिहास है। हालांकि *आवारा* फिल्म का शीर्षक गीत राज कपूर ने तब अस्वीकार कर दिया था लेकिन फिल्म की शूटिंग खत्म होने के बाद उस गाने को

फिर से सुना गया और अब्बास साहब के कहने पर इसे फिल्म में शामिल किया गया।

शैलेंद्र के शब्दों में:

> आवारा की कहानी सुने बिना, केवल नाम से प्रेरित होकर मैंने यह गीत लिखा था। मैंने जब सुनाया तो राज कपूर साहब ने गीत को अस्वीकार कर दिया। फिल्म पूरी बन गई तो उन्होंने मुझे फिर से गीत सुनाने को कहा और इसके बाद अब्बास साहब को गीत सुनाया। अब्बास साहब की राय हुई कि यह तो फिल्म का मुख्य गीत होना चाहिए।[1]

इस फिल्म में हसरत जयपुरी ने भी गाने लिखे थे लेकिन शैलेंद्र के गानों ने *आवारा* को अमर कृति बना दिया। शैलेंद्र अपनी धुन के पक्के थे। ज़िद्दी थे लेकिन उन्होंने *आवारा* के गीत लिखे और अपनी रेलवे की नौकरी भी छोड़ी। हालांकि *आवारा* के तुरंत बाद उन्होंने अपनी नौकरी नहीं छोड़ी। जब फिल्म रिलीज हो गई और उसके गाने देश-विदेश में धूम मचाने लगे तो शैलेंद्र ने अपनी नौकरी छोड़ दी। और इसके बाद, फिर शैलेंद्र को पीछे मुड़कर देखने की फ़ुर्सत भी नहीं मिली।

शैलेंद्र को अब मुड़कर देखने की ज़रूरत भी नहीं थी। राज कपूर के साथ साथ शैलेंद्र के पास भी पैसा चलकर आने लगा। *आवारा* ने शैलेंद्र को लालबाग के एक कमरे के रेलवे क्वार्टर से माहिम की एक बिल्डिंग में पहुंचा दिया। भले इस बिल्डिंग में वे एक किराए के मकान में शिफ्ट हुए।

शैलेंद्र के दोनों बड़े बेटे लालबाग के रेलवे क्वार्टर में पैदा हुए थे और माहिम की उस बिल्डिंग में उनकी दो बेटियां पैदा हुईं।

शैलेंद्र के गीत लोगों की ज़ुबान पर चढ़ रहे थे। जिन फिल्मों में शैलेंद्र के गीत होते थे वे हिट हो रही थीं। शैलेंद्र माहिम से खार एरिया में एक किराए के मकान में शिफ्ट हो गए जहां पहले हेमंत कुमार रहा करते थे। हेमंत कुमार ने अपनी ज़मीन लेकर बराबर में ही बंगला बनवाना शुरू किया था। उन्होंने ही शैलेंद्र से कहा कि हम मकान खाली कर रहे हैं। आप उसमें रह लीजिए। ग्राउंड फ्लोर के फ्लैट में शैलेंद्र सपरिवार

[1] मैं मेरा कवि और मेरे गीत, आत्म परिचय, शैलेंद्र, *धर्मयुग*, 16 मई 1965।

पहुंच गए और यहीं पर उनके पांच में सबसे छोटे बेटे दिनेश शंकर का जन्म हुआ। दिनेश बताते हैंः

> बंगला 1959 में ख़रीदा गया लेकिन हम लोग शिफ्ट हुए 1960 में, पैसे वैसे अच्छे थे तो उसमें काफी रिनोवेशन का काम हुआ। पार्वती सदन में हम रहते थे तो वहां पर ज़मीन पर चटाई बिछाकर सब लोग एक साथ खाना खाते थे इस बंगले में वह सब चीज़ें थीं जो एक अमीर के बंगले में होती हैं – एक बड़ा सा डाइनिंग टेबल, कुर्सियां, सोफा, लेकिन बाबा का अलग कैरेक्टर था, हम उंगलियों पर गिन सकते हैं कि हमने कितनी बार डाइनिंग टेबल पर खाना खाया। उनकी आदत थी हमेशा ज़मीन पर बैठकर खाने की, वह वहीं बैठकर खाते थे, हमको भी सीख देते थे, बताते थे कि यही हमारी जगह है।[2]

धीरे-धीरे शैलेंद्र की कैफ़ी आज़मी और उनकी पत्नी शौकत आज़मी से पहचान बढ़ने लगी। कहते हैं कि शौकत आजमी ने ही शैलेंद्र की पत्नी को मुंबई ख़ासकर फिल्मी दुनिया के बारे में बहुत कुछ बताया और कैसे रहा जाता है, ये गुण भी सिखाए।

इसी दौर में एक मजेदार घटना भी हुई जिसको शौकत आज़मी ने शैलेंद्र के पुत्र दिनेश शंकर को बताया। दिनेश शंकर के अनुसारः

> एक फंक्शन था जिसमें बाबा मदर को लेकर गए थे। हमारी मदर के पास ज्वेलरी थी, वह सब पहनी और तैयार हुईं तो कहा कि शकुन (मदर का नाम शकुंतला था लेकिन वह शकुन बोलते थे) यह ज्वेलरी मत पहनो। उन्होंने बोला, क्यों? है तो हमारी। वह तो ठीक है लेकिन जिस तरह की हमारी नौकरी है उसमें लोग सोचेंगे कि हम यह अफोर्ड नहीं कर सकते। हम नहीं चाहते हैं कि ऐसी बात हो। और उन्होंने वादा किया कि हम मेहनत करेंगे और इससे कई गुना ज़्यादा की ज्वेलरी आपको देंगे। तब तुम शान से पहनना। ख़ैर, हमारी मदर ने उनकी बात मानी और ऐसे ही चली गईं। एक और फंक्शन था जिसमें बाबा गए थे मदर को

[2] लेखक की दिनेश शंकर शैलेंद्र से बातचीत, 18 नवंबर 2022।

लेकर। हमारी मदर नई थीं तो बहुत कम लोगों को जानती थीं। वह अकेली थीं और थोड़ी घबराई हुई थीं, इतने में, बीना पाठक जो पहले बीना मेहता हुआ करती थीं, उन्होंने मदर से पूछा कि तुम इतनी घबराई-सी, रुआंसी क्यों हो? तो मदर ने कहा कि वे नहीं मिल रहे हैं। जब उन्हें ढूंढ़ा गया तो पता चला कि वह उस फंक्शन में हैं ही नहीं! बीना जी ने कहा हो ना हो यह घर चले गए होंगे। तो बीनाजी ने फिर उनको साथ में लेकर उनको रूम तक पहुंचाया। और देखा तो उधर बाबा बैठे सिगरेट पी रहे थे। फिर क्या था बीनाजी ने उन्हें बहुत डांटा। बीनाजी बड़ी थीं, उन्होंने कहा कि यह क्या तमाशा है, तुम अपनी पत्नी को छोड़कर आ गए। तो उन्होंने कहा कि मैं भूल गया था कि मेरी शादी हो गई है। पर मुझे पता था कि कोई ना कोई आकर इनको छोड़ देगा। फिर उन्हें डांटा कि ऐसा फिर मत करना।[3]

[3] वही।

5. गीतों में जीवन-दर्शन

सुख हो, दुख हो, बचपन हो, जवानी हो, बुढ़ापा हो, कर्म-विधान हो, प्रेम-मनुहार हो, जीवन-मरण हो! कहने का मतलब यह है कि जीवन का कोई रंग हो, कैसा भी अवसर हो, कैसी भी परिस्थितियां हों, शैलेंद्र के गीत हमेशा आपके साथ हैं!

पहली फिल्म *बरसात* से लेकर *ममता की छांव* तक 16-17 वर्ष के अपने फिल्मी कैरियर में शैलेंद्र ने 171 फिल्मों के लिए लगभग 800 गीत लिखे। इसके अलावा भोजपुरी फिल्मों में भी गीत लिखे। फिल्मी गीतों की यह यात्रा कोई लंबी नहीं मानी जाएगी फिर भी डेढ़ दशक में शैलेंद्र के लिखे गीतों पर एक नज़र डालें तो पता चलता है कि जीवन के हर रंग को उन्होंने जिया और हर अवसर के लिए एक से बढ़कर एक गीत लिखे।

फिल्मों में गीत धुनों पर ही लिखे जाते हैं। अपवादस्वरूप कुछ गाने पहले लिखे गए हैं और धुन बाद में बनाई गई है। अन्यथा फिल्म इंडस्ट्री के अधिकतर गीतकार फिल्म की कहानी और किरदारों के हिसाब से तैयार की गई धुनों पर ही अपने शब्द बिठाते हैं। इस लिहाज से, फिल्मों के लिए गीत लिखना आसान भी है और कठिन भी! आसान इसलिए हो सकता है कि तैयार धुन पर आपको शब्द बिठाने हैं, वहीं कठिन इसलिए कि बनी-बनाई धुन पर आपको फिल्म के किरदार के हिसाब से गीत लिखने होते हैं। यानी आपके पास सीमित मैदान होता है। उसी में आपको अपना हुनर दिखाना होता है। शैलेंद्र भी बनी बनाई धुनों पर गीत लिखना आसान नहीं मानते थे।

सीमित अवसर होने के बावजूद शैलेंद्र के गीतों को सुनकर आपको बिल्कुल भी नहीं लगेगा कि यह सिर्फ धुनों के हिसाब से लिखे गए गीत हैं। काव्य शास्त्र के अनुसार, रस और छंद विधान पर भी उतने ही खरे उतरते हैं शैलेंद्र के गीत! जन्म से लेकर मृत्यु तक – बचपन, लड़कपन, जवानी, प्रेम, मान-मनुहार, संयोग-वियोग, सफलता-

विफलता, आशा-निराशा, जोश-ज़ुनून, जज़्बा, भक्ति, अध्यात्म और जीवन-दर्शन, लोक-संस्कृति और लोक-जीवन अर्थात ऐसा कौन-सा क्षेत्र है जहां शैलेंद्र के गीत सुनाई नहीं पड़ते। मनुष्य के जीवन में ख़ासकर एक आम आदमी के जीवन में जितने भी रंग हो सकते हैं, जितने भी उतार-चढ़ाव आते हैं, उस अवसर के लिए जब कोई गीत याद आता है तो वह शैलेंद्र का लिखा हुआ गीत ही होता है। इसलिए शैलेंद्र को जन-जन का कवि, आम आदमी की भावनाओं का कवि और गीतों का जादूगर कहा जाता है।

फिल्म जगत में ही नहीं साहित्य जगत में भी ऐसा कम लेखकों-कवियों, गीतकारों के साथ हुआ है कि उनकी हर रचना को प्रशंसा मिली हो, प्रसिद्धि मिली हो। शैलेंद्र इस मामले में विरले गीतकार हैं जिनका हर गीत हिट हुआ। जिनके हर गीत को सुनने वालों ने पसंद किया। उनके सभी 800 गीतों पर बात करना असंभव है, फिर भी उनके लिखे कुछ गीतों पर बात करना आवश्यक हो जाता है, ख़ासकर उन गीतों पर जिन्होंने फिल्मों में ही नहीं फिल्मों के इतर भी जनमानस में अपनी गहरी पैठ बनाई। यह गीत फिल्मों के लिए तो ट्रेंडसेटर बने ही, बाद की पीढ़ी के नए गीतकारों के लिए भी एक राह बने। बहुत से तो ऐसे गीत हैं जिनकी फिल्मों के नाम भले ही याद ना हों मगर गीत ज़रूर याद हैं। सुनने में ये गीत भले ही साधारण से दिखते हों और सहज-सरल, आम आदमी की ज़ुबान में लिखे गए हों लेकिन इन गीतों में भी एक दर्शन छुपा हुआ है।

नन्हे-मुन्ने बच्चे तेरी मुट्ठी में क्या है

शैलेंद्र का शुरुआती बचपन सुखद था। घर में पढ़ने-लिखने और गीत-संगीत का माहौल था। शैलेंद्र ने अपने आत्म परिचय में लिखा है कि वे संगीत में रुचि रखते थे। उसका सबसे बड़ा कारण था घर में संगीत का माहौल। मां भजन गाती थीं तो जाहिर है शैलेंद्र पर इसका असर पड़ना ही था। वे भी पास के एक मंदिर में जाकर बड़ी शिद्दत से पूजा करते थे। यहीं पर शैलेंद्र ने डफली बजाना सीखा। यह उनका प्रिय वाद्य था। डफली उनके जीवन का दर्शन, उनके काव्य अभिव्यक्ति का माध्यम बनी रही।

तीसरी कसम में राज कपूर ढपली बजाते हैं, ऐसा लगता है कि *तीसरी कसम* का हिरामन शैलेंद्र ही हैं। तो भक्तिमय माहौल में शैलेंद्र का आरंभिक बचपन बीता। लेकिन परिवार पर आई विपदा ने शैलेंद्र के परिवार को रावलपिंडी से मथुरा पहुंचा दिया। मथुरा में शैलेंद्र का मंदिर जाना और बढ़ गया। पूजा-पाठ बढ़ गया। ढपली की थाप दिनोंदिन बढ़ने लगी। भक्ति में डूबा यह छोटा बालक अपने बचपन को ख़ूब जीना चाहता था लेकिन मां और बहन की बीमारी ने बचपन छीन लिया। वे नंगे पैरों मंदिर दर मंदिर भटकते रहे, पूजा-पाठ करते रहे लेकिन कोई नतीजा हासिल नहीं हुआ तो उन्होंने ईश्वर की आस्था का दामन छोड़ दिया। *सीमा* फिल्म के इस गीत को देखिए –

कहां जा रहा है तू ए जाने वाले
अंधेरा है मन का दिया तो जला ले ...
जो ठोकर ना खाए नहीं जीत उसकी
जो गिर के संभल जाए है जीत उसकी
निशा मंज़िलों के ये पैरों के छाले
कहां जा रहा है तू ए जाने वाले ...

सीमा फिल्म की कहानी और उसके किरदारों के ज़रिए जितने भी गीत सुनने को मिलते हैं उनमें शैलेंद्र के बचपन का सुख-दुख, भक्ति, विश्वास और जीवन दर्शन महसूस किया जा सकता है। इस फिल्म का हर गीत अपने आप में एक दास्तान है, एक किरदार है। बचपन की बात की जाए तो इस गीत को देखिए –

सुनो छोटी सी गुड़िया की लंबी कहानी
जैसे तारों की बात सुने रात सुहानी
दिल में ये अरमान थे कि इक छोटा सा बंगला हो
चांद की धरती पर सोने का जंगला हो

खेल हों जीवन के यहां मेल हों जीवन के
गया बचपन तो आई आंसू भरी जवानी ...
सुनो छोटी सी गुड़िया की लंबी कहानी

यह छोटी सी गुड़िया की लंबी कहानी तो है ही, इसमें मासूमियत और बचपन के अरमान हैं, सपने हैं, अरमानों की जीत है।

एक गीत और है जिसका ज़िक्र किए बिना शैलेंद्र के लिखे बाल गीतों की बात आगे नहीं बढ़ सकती। वैसे तो इस फिल्म के सभी गीत हीरा हैं लेकिन यह गीत इतना पसंद किया गया कि देश भर के स्कूलों में प्रातःकालीन प्रार्थनाओं में गाया जाने लगा। फिल्म का नाम है *सीमा* और गीत है –

तू प्यार का सागर है तेरी इक बूंद के प्यासे हम
लौटा जो दिया तूने चले जाएंगे जहां से हम ...

प्रभाकर पिक्चर्स की *छत्रपति शिवाजी* फिल्म का यह गीत –

मेरा बचपन कभी न बीतेगा,
मंद पवन तूफान बनेगा झूम के सर पर टूटेगा ...

शैलेंद्र उस बचपन की बात कर रहे हैं जो कभी नहीं बीतेगा और जो अन्याय का बदला लेगा, न्याय की तलवार बनेगा।

तुम्हारे हैं तुमसे दया मांगते हैं
तुम्हारे लाडलों की दुआ मांगते हैं ...

इंसान-इंसान के बीच ऊंच-नीच और भेदभाव पर इतनी तीखी बात बच्चों के मुंह से शैलेंद्र ही कहलवा सकते हैं। विनय-याचना से भरा यह गीत समाज और ईश्वर से

सीधा संवाद स्थापित करता है। *बूट पॉलिश* का यह मशहूर गीत ग़रीबी और भुखमरी से अभिशप्त बचपन की दुखद दास्तान बन गया है। यहां पैसे में भी भेदभाव होता है!

पंडितजी मंतर पढ़ते हैं वह गंगाजी नहलाते हैं
हम पेट का मंतर पढ़ते हैं जूते का मुंह चमकाते हैं
पंडित को पांच चवन्नी है अपनी तो एक इकन्नी है
यह भेदभाव फिर कैसा है जब सबको प्यार पैसा है

आवाज़ फिल्म में लता मंगेशकर का गाया यह यादगार गीत –

बाबा तोरी सोनचिंरैया जावे अनजानी सी नगरिया
कौन देश से यह सौदागर आया रे कौन देश से
सोने का पिंजरा दिखला के मैना को ललचाया
सूने भए पनघट ताल तलैया ...

लगता है कि वह अपने घर को छोड़कर दूर जा रही है और एक सौदागर उसे सोने के पिंजरे में कैद करके ले जा रहा है।

बचपन यानी आने वाला कल, आने वाला जीवन, उम्मीदों से भरा ऐसा बचपन जो सबको प्यारा हो। बचपन में भी कैसे-कैसे सपने हैं, कैसी कैसी कल्पनाएं हैं, मासूमियत भरे सवाल हैं और फिर उनके जवाब। शैलेंद्र के शब्दों का जादू देखिए –

एक दिन वह मां से बोला क्यों फूंकती है चूल्हा,
क्यों न रोटियों का पेड़ हम लगा लें
आम तोड़ें रोटी तोड़ें रोटी आम खा लें ...

संगीतकार रोशन के लिए फिल्म *माशूका* में शैलेंद्र ने एक और गीत लिखा है जिसे सुरैया ने गाया है। यहां शैलेंद्र बचपन का दिल खोलकर स्वागत कर रहे हैं –

'मेरा बचपन वापस आया बलैयां लूं मैं बार-बार' शैलेंद्र बचपन को उम्मीदों, संभावनाओं से भरी और अपनी तकदीर खुद लिखने वाली बंद मुट्ठी मानते हैं। तभी तो बूट पॉलिश में वे यह गीत लिखते हैं –

नन्हे मुन्ने बच्चे तेरी मुट्ठी में क्या है
मुट्ठी में है तकदीर हमारी
हमने किस्मत को बस में किया है . . .

शैलेंद्र का बचपन भले ही अभावों में बीता हो, उनकी फिल्मों के किरदार भले ही उम्मीदों और ना-उम्मीदियों के बीच फंसे हों, चाहे कितने भी कष्ट में रहे हों मगर बचपन तो बचपन होता है। बचपन के लिए चांद, सूरज, सितारे, धरती, आकाश सबको अपनी मुट्ठी में करने की लालसा होती है और ताक़त भी। ऐसा नहीं है कि उन्होंने जितने भी बचपन के गीत लिखे वे सारे भूख-ग़रीबी, गम, मायूसी, संघर्ष और ना-उम्मीदियों भरे हैं, इन गीतों में बचपन बचा हुआ है। सपने पूरी तरह टूटे नहीं हैं, दुनिया की नज़र से बचने-बचाने की नसीहत देते शैलेंद्र के गीतों में बाल मन की भरपूर अभिव्यक्ति हुई हैः

सूरज जरा आ पास आ, आज सपनों की रोटी पकाएंगे हम,
ऐ आसमां तू बड़ा मेहरबां आज तुझको भी दावत खिलाएंगे हम
चूला है ठंडा पड़ा और पेट में आग है,
गरमा गरम रोटियां कितना हसीं ख़्वाब है

शैलेंद्र जानते हैं कि गरमागरम रोटियां भूखे के लिए किसी ख़्वाब से कम नहीं, वह भी तब जब चूल्हा ठंडा पड़ा हो। ऐसे में सूरज को पास बुलाकर सपनों की रोटी पकाना और आसमां को भी दावत देना हिम्मतवाली बात है। इस दुनिया को व्यंग्यात्मक चुनौती भी है। इसीलिए अगले अंतरे में शैलेंद्र असली भूख, असली रोटी, साग और चटनी की बात करते हैं। आखिर भूख तो साग रोटी और चटनी से ही मिटेगी!

आलू टमाटर का साग इमली की चटनी बने
रोटी करारी सिके उस पर घी असली लगे

रक्षाबंधन पर हर बहना अपने भाई से जो बचन मांगती है वे शैलेंद्र के ही शब्द हैं। छोटी बहन के इस गीत के बिना रक्षाबंधन का त्योहार अधूरा माना जाता है।

'भैया मेरे राखी के बंधन को निभाना, भैया मेरे छोटी बहन को ना भुलाना ... ।' अगर भैया मेरे राखी के बंधन को निभाना के बिना भाई-बहन का त्योहार फीका रहता है तो इसी प्रकार मासूम फिल्म के गीत – 'नानी तेरी मोरनी को मोर ले गए बाकी जो बचा था काले चोर ले गए' के बिना नानी कभी ख़ुश नहीं होती! यह गीत हर किसी को अपने बचपन की याद दिला जाता है। 'नींद परी लोरी गाए मां झुलाये पालना सो जा मेरे लालना।' *चारदीवारी* फिल्म की ये लोरी तो हर बच्चा सुनना चाहता है।

जाते हुए बचपन से हर किसी को शिकायत रहती है। कुछ ऐसी – 'बचपन बचपन प्यारे-प्यारे बचपन सच बतला कहां गया तू छोड़ के' और *हाफ टिकट* फिल्म का ये मस्त, चुलबुला गीत जो किशोर कुमार ने बड़े मसखरेपन में गाया है लेकिन इसके शब्द और उनके पीछे की गहरी बात गौर करने लायक है – 'झूम झूम कौवा भी ढोलक बजाए चील चील चिल्ला के कजरी सुनाए'। हर किसी की बिटिया लाडली होती है, नाज़ों में पली होती है। *दिल एक मंदिर* का यह आख़िरी अंतरा देखें – 'जूही की कली मेरी लाडली नाजों की पली मेरी लाडली, ओ आसकिरन जुग जुग तू जिए नन्ही सी परी मेरी लाडली ... ।'

लाडली के लिए ही नहीं, लाडलों के लिए भी शैलेंद्र के शब्दों में उतना ही प्रेम और उतनी ही चाहत है। *ज़िंदगी* फिल्म के इस गीत में अपने बच्चे के लिए जितनी ख़ुशी और उम्मीदें हैं उनसे अधिक चिंता भी क्योंकि ये जहां इतना भी अच्छा नहीं है – 'मुस्कुरा लाड़ले मुस्कुरा, कोई भी फूल इतना नहीं ख़ूबसूरत, है जितना मुखड़ा ये तेरा'। माना दुनिया उतनी अच्छी नहीं है। बचपन तो अच्छा है। इसीलिए तो बचपन से गुज़ारिश है कि वह न जाए! 'मत जा मत जा मत जा मेरे बचपन नादां।' मां के लाड़-दुलार बिना कैसा बचपन! मां के बराबर इस दुनिया में कोई नहीं जो मां के प्यार की बराबरी कर सके।

इतना प्यार करेगा कौन मां करती जितना
इतना ध्यान करेगा कौन मां धरती जितना ...

'ईचक दाना बीचक दाना दाने ऊपर दाना ... ' जैसी पहेलियां भी शैलेंद्र ने ख़ूब लिखी हैं।

ब्रह्मचारी फिल्म का एक गीत ऐसा भी है जिसने उस दौर में धूम मचाकर रख दी। इस फिल्म के लिए शैलेंद्र को फिल्मफेयर पुरस्कार प्राप्त हुआ। इसका एक अंतरा है जिसमें शैलेंद्र बच्चों को हिम्मत बंधा रहे हैं कि आज की रात भले ही लंबी है, दिन भले ही भारी था मगर आने वाले दिन अच्छे होंगे। तक़दीर बदलेगी। ऐसे ख़्वाब दिखाने वाले शैलेंद्र इस गीत में भी उम्मीदों की बात करते हैं। सपनों की बात करते हैं। यह गीत आगे चलकर दुनियाभर के बच्चों के लिए लोरी बन गया –

मैं गाऊं तुम सो जाओ सुख सपनों में खो जाओ
माना आज की रात है लंबी माना दिन था भारी
पर जग बदला बदलेगी एक दिन तक़दीर हमारी
उस दिन के ख़्वाब सजाओ मैं गाऊं तुम सो जाओ

शैलेंद्र ने फिल्मों में बच्चों के लिए बहुत कम गीत लिखे लेकिन जितने भी लिखे उनमें सिर्फ़ हंसने-खेलने कूदने की अवस्था नहीं है बल्कि भूख की आग है, टूटते सपने भी हैं और उस पर यह ज़ालिम दुनिया! शैलेंद्र के गीतों में बचपन के अलग-अलग रूप दिखाई पड़ते हैं, एक – जिसमें सब कुछ है अच्छा घर है अच्छा खाना-पीना। जो चाहा वह मिल गया, जहां सब कुछ अच्छा-अच्छा है।

वहीं, एक वह बचपन वह भी है जिसके पास कुछ भी नहीं है, जिसको कुछ मिला भी नहीं है, जिसका पेट खाली है। इन दोनों के लिए दुनिया के दो अलग-अलग रूप हैं। एक के लिए दुनिया सपनों, उमंगों और आशाओं से भरी है, तो दूसरे के लिए दुनिया बेदर्द है, जो जीने नहीं देती, जहां जीने के लिए मशक़्क़त करनी पड़ती है। भूख, अभाव और अंधकारमय भविष्य के भय से भरा बचपन शैलेंद्र ने स्वयं भोगा

था। ज़ाहिर है उनके गीतों में वह दर्द, वह कशिश, वह क्रोध, बख़ूबी जाहिर हुआ है।

अजब तेरी दुनिया हो मोरे रामा

फिल्मों में लिखे उनके भक्ति गीत और भजन बेमिसाल हैं। इन्हें सुनते समय आश्चर्य होता है कि यह शैलेंद्र ही हैं। वही शैलेंद्र, जिनका ईश्वर में विश्वास डगमगाया था। हां, ये वही शैलेंद्र हैं जिनके गीत भक्ति-भावना, विश्वास-आशा और दया-याचना से ओतप्रोत हैं। बल्कि अन्य गीतों की तरह ये भक्ति गीत भी फिल्म की कहानी और किरदार को और प्रभावशाली बना देते हैं। जो बात कहानी और उसके किरदार कहने से चूक गए वहां शैलेंद्र के गीत उसकी भरपाई कर देते हैं। आप भी सुनेंगे तो यही सोचेंगे – क्या कोई और गीतकार यह लिख पाता?

उन्हें जब-जब अवसर मिला उन्होंने मथुरा और कृष्ण-राधा पर भजन और गीत लिखे। *बरसात* फिल्म के चार वर्षों बाद *आगोश* रिलीज हुई। आर. डी. माथुर के निर्देशन में बनी इस फिल्म के संगीतकार हैं रोशन और गीत लिखे शैलेंद्र ने। इस फिल्म का एक गीत है –

बांसुरिया काहे बजाई
बिन सुने रहा न जाय रे,
मीठी नज़र काहे मिलाई बिन देखे रहा न जाय रे,

यहां राधा-कृष्ण संवाद बड़ा ही रोचक बन पड़ा है। कृष्ण ही नहीं उनके गीतों-भजनों में राम का भी वही स्थान है। *दो बीघा ज़मीन* के इस गीत को देखें –

अजब तेरी दुनिया हो मोरे रामा,
क़दम क़दम देखी भूल भुलैया गजब तोरी दुनिया
कोई कहे जग झूठा सपना पानी की बुलबुलिया
हर किताब में अलग-अलग है इस दुनिया की हुलिया
सच मानो इसको या झूठी मानो बेढब तेरी दुनिया

लता मंगेशकर और शैलेंद्र की पत्नी शकुंतला शैलेंद्र।

फिल्म *आस* में कामिनी कौशल एक बालक के लिए दाता से मांगती हैं – 'हम पे दया रखना रे दाता हम पे दया रखना'। इसी तरह, 'आओ श्याम सुंदर अब तो शाम हो चली जीवन की, नैना रोए जैसे घटा सावन की' में विनय के साथ शिकायत भी है। *माशूका* फिल्म का लता मंगेशकर की आवाज़ में यह भक्ति गीत भक्ति के साथ, काव्य सौन्दर्य का भी विशिष्ट उदाहरण है – 'मैं मुरलीधर की मुरली लाई मुरलीधर ने लई मेरी माला, मैं मुरलीधर की मुरली भई मुरलीधर हो गई मेरी माला ... ' और लता मंगेशकर की ही आवाज़ में *पूजा* फिल्म का एक और भक्ति गीत – 'मोरी विपदा आन हरो ... ।' *मदभरे नैन* फिल्म का यह भक्तिगीत – 'ओ देखो मोसे सांची कहो बनवारी बांस की बंसी हम से भी प्यारी'।

मुनीमजी का यह भक्ति गीत भक्ति, व्यंग्य और हास्य रस से सराबोर है। इसकी शैली भी बड़ी दिलचस्प है – 'ओ शिवजी बिहाने चले पालकी सजाय के बभूति लगाय के ... ।' *सीमा* फिल्म के सभी गीत हिट हुए। 'मनमोहना बड़े झूठे, हार के हार नहीं मानी' भी ख़ूब पसंद किया गया। *जागते रहो* में शैलेंद्र आंखों के सहारे ही नहीं रहने की बात करते हैं। वे मन के दीप को भी जलाए रखने की सीख देते हैं – 'जागो मोहन प्यारे ... जागो नवयुग चूमे नैन तुम्हारे जागो मोहन प्यारे।'

उनके भक्ति गीतों में मथुरा प्रवास के अनुभव और भावनाएं ख़ूब अभिव्यक्त हुई हैं। जैसे *परिवार* फिल्म का यह गीत – 'जा तोसे नहीं बोलू कन्हैया, राह चलत पकड़ीं मोरी बइयां।' *बसंत बहार* में शैलेंद्र कृष्ण को नहीं, राम को याद करते हैं। 'बड़ी देर भई बड़ी देर भई कब लोगे खबर मोरे राम' और इसी फिल्म का भक्ति गीत – 'दुनिया न भाए मोहे अब तो बुला ले' बहुत पसंद किए गए।

आज़ादी के बाद भारतीय सिनेमा में जो कहानियां दिखाई जा रही थीं उनमें बंटवारे का दर्द, भूख-ग़रीबी, लाचारी थी तो साथ में नई उम्मीदें भी जाग रही थीं। जिन लोगों के हाथों में देश का नेतृत्व था उनसे जनता को बहुत उम्मीदें थीं तो कहानियों में ग़रीबी और लाचारी किसी न किसी रूप में दर्शाई जा रही थी। भारतीय जनमानस में पौराणिक कथाओं को भी इन कहानियों के साथ जगह मिल रही थी जिनमें अपने आराध्य को मुसीबत में याद किया जाता है और अपने-दुख-दर्द को सामने रखकर कोई राह सुझाने की विनती की जाती है। अब ऐसा कौन मानव होगा जिसके जीवन में कोई दुख नहीं, कोई तकलीफ़ नहीं, कोई शिकायत नहीं! ऐसे में दाता/ ईश्वर की शरण में जाने और उसको समर्पित हो जाने के अलावा कोई रास्ता नहीं। इसलिए उस दौर की फिल्मों में लगभग सभी में एक-दो भक्ति गीत अवश्य शामिल किए जाते थे। शैलेंद्र ने भी जितने भक्ति गीत लिखे वे उस दौर में तो हिट थे ही, आज भी उतने ही पसंद किए जाते हैं। ये भक्ति गीत सदाबहार हैं।

दिल है हिंदुस्तानी

मेरा जूता है जापानी
यह पतलून इंगलिसतानी

सर पर लाल टोपी रूसी
फिर भी दिल है हिंदुस्तानी

सब कुछ विदेशी है परंतु दिल ख़ालिस हिंदुस्तानी है! भारतीय सिनेमा का यह पहला ग्लोबल गीत है जिसने आवारा राजकपूर को ही नहीं शैलेंद्र के साथ हिंदी सिनेमा को भी दुनिया भर में पहुंचा दिया।

जहां के निवासियों के दिलों में सचाई का वास है और मन गंगा के पानी जैसा निर्मल। हम उसी देश के वासी हैं। ऐसे उद्गार किसी मन के सच्चे और नेकदिल गीतकार के ही हो सकते हैं।

होठों पे सचाई रहती है
जहां दिल में सफ़ाई रहती है
हम उस देश के वासी हैं
जिस देश में गंगा बहती है

परदेस में सब कुछ है पर अपने लोग और अपनापन नहीं। तो फिर क्यों न अपने वतन लौट चलें – 'आ अब लौट चलें, नैन बिछाए बाहें पसारे, तुझको पुकारे देश तेरा, आ अब लौट चलें' (*जिस देश में गंगा बहती है*)। आज़ादी के आंदोलन में शैलेंद्र देश पर मर-मिटने वालों का आह्वान कुछ इस तरह करते हैं –

देश की धरती ने ललकारा
गूंजा आज़ादी का नारा
देश पर मरने वाले आ
मौत से लड़ने वाले आ (*छत्रपति शिवाजी*)

बंदिनी फिल्म का यह गीत झकझोर कर रख देता है – 'मत रो माता, लाल तेरे बहुतेरे, जनमभूमि के काम आया मैं, बड़े भाग हैं मेरे।' यह गीत उस वक़्त लोगों

की ज़ुबान पर चढ़ा हुआ था। देशभक्ति का माहौल था और भगत सिंह के लिए हर भारतवासी के दिल में विशेष स्थान बन चुका था। इस गीत के लिए शैलेंद्र का नाम फिल्मफेयर पुरस्कारों में शामिल था लेकिन उस वर्ष का सर्वश्रेष्ठ गीतकार का फिल्म फेयर पुरस्कार साहिर लुधियानवी को *ताजमहल* फिल्म के गीत 'जो वादा किया वो निभाना पड़ेगा' के लिए दिया गया।

यह पुरस्कार ग्रहण करते हुए साहिर लुधियानवी ने कहा कि इस साल का सर्वश्रेष्ठ गीतकार का अवार्ड मुझे नहीं बल्कि शैलेंद्र को मिलना चाहिए। साहिर लुधियानवी ने बंदिनी फिल्म के जिस गीत का ज़िक्र किया वह गीत यही था – 'मत रो माता, लाल तेरे बहुतेरे'।

हर दिल जो प्यार करेगा

शैलेंद्र के लिखे एक-दो नहीं सैकड़ों प्रेमगीत ऐसे हैं जो लोगों की ज़ुबान पर आज भी सजे हैं। इन गीतों के मुखड़ों से ही लोग पहचान जाते हैं कि ये गीत शैलेंद्र के हैं। प्रेम की ऐसी कशिश फिल्म जगत के और किसी गीतकार में नहीं! यदि उनके सभी प्रेमगीतों पर चर्चा की जाए तो अलग से एक किताब बन जाएगी। प्रेम की हर अवस्था के गीत सजाए हैं शैलेंद्र ने। विविध अनुभूतियों से भरे ये गीत हर किसी को अपने गीत लगते हैं। इसीलिए उनके गीत हर ज़ुबान पर चढ़े। ये उनके कुछ गीतों के मुखड़े हैं जिन्हें पढ़ते-सुनते ही हम गुनगुना उठते हैं:

बरसात में हमसे मिले तुम सनम तुमसे मिले हम बरसात में (*बरसात*)
दम भर जो उधर मुंह फेरे ओ चंदा, मैं उनसे प्यार कर लूंगी (*आवारा*)
उनसे प्यार हो गया दिल उनका खो गया दिल मेरा खो गया (*बादल*)
किसी ने अपना बनाके मुझको मुस्कुराना सिखा दिया (*पतिता*)
प्यार हुआ इकरार हुआ है प्यार से फिर क्यूं डरता है दिल (*श्री 420*)
रमैया वस्ता वैया रमैया वस्ता वैया (*श्री 420*)
ये रात भीगी भीगी ये मस्त फ़िज़ाएं (*चोरी चोरी*)
तुम संग प्रीत लगाई रसिया (*नयी दिल्ली*)

ये रातें ये मौसम नदी का किनारा (*दिल्ली का ठग*)
सुहाना सफ़र और ये मौसम हसीं (*मधुमती*)
घड़ी घड़ी मेरा दिल धड़के (*मधुमती*)
मेरी जां मेरी जां प्यार किसी से हो ही गया है हम क्या करें (*यहूदी*)
ये मेरा दीवानापन है या मुहब्बत का सुरूर (*यहूदी*)
सबकुछ सीखा हमने न सीखी होशियारी (*अनाड़ी*)
दुनिया वालों से दूर जलने वालों दूर (*उजाला*)
कहे झूम झूम रात ये सुहानी (*लव मैरिज*)
अहा रिमझिम के ये प्यारे-प्यारे गीत लिए (*उसने कहा था*)
रिमझिम के तराने लेके आई बरसात (*जिस देश में गंगा बहती है*)
मेरा दिल अब तेरा ओ साजना (*दिल अपना और प्रीत पराई*)
ओ सजना बरखा बहार आई रस की फुहार लाई (*परख*)
आने लगा जीने का मज़ा (*सिंगापुर*)
धीरे चलाओ जरा धीरे, मुक़द्दर की गाड़ी (*आस का पंछी*)
तेरा मेरा प्यार अमर फिर क्यूं मुझको लगता है डर (*असली नकली*)
मुझे कितना प्यार है तुमसे अपने ही दिल से पूछो तुम (*दिल तेरा दीवाना*)
मैं चली मैं चली देखो प्यार की गली (*प्रोफेसर*)
हो जोगी जब से तू आया मेरे द्वारे (*बंदिनी*)
रुक जा रात ठहर जा रे चंदा बीते ना मिलन की बेला (*दिल एक मंदिर*)
ओ सनम तेरे हो गए हम प्यार में तेरे खो गए हम (*आई मिलन की बेला*)
आजा आई बहार दिल है बेक़रार तेरे बिन रहा न जाए (*राजकुमार*)
आंखों आंखों में किसी से बात हुई (*जानवर*)
तड़प यह दिन रात की कसक यह दिन रात की (*आम्रपाली*)

संगम फिल्म के सभी गीत अमर हैं, यादगार हैं –

मेरे मन की गंगा

तेरे मन की जमुना का
बोल राधा बोल संगम होगा कि नहीं

हर दिल जो प्यार करेगा वो गाना गाएगा
दीवाना सैकड़ों में पहचाना जाएगा

ओ मेरे सनम ओ मेरे सनम
दो जिस्म मगर एक जान हैं हम

गाइड के सभी गीत बार-बार सुने जाते हैं:

आज फिर जीने की तमन्ना है, आज फिर मरने का इरादा है
तेरे मेरे सपने अब एक रंग हैं
पिया तोसे नैना लागे रे
गाता रहे मेरा दिल तू ही मेरी मंज़िल
मोसे छल किए जाए हाय रे सैयां बेईमान
अल्लाह मेघ दे पानी दे . . .

तीसरी कसम के गीत लोक जीवन की झांकी हैं:

चलत मुसाफ़िर मोह लियो रे
पान खाए सैयां हमारो
लाली लाली डोलिया में लाली रे दुल्हनिया

यह सूची लंबी होती जा रही है। शैलेंद्र के गीत जुड़ते जा रहे हैं लेकिन ख़त्म नहीं हो रहे! इतने कम समय में प्यार की विशाल दुनिया रचने वाले शैलेंद्र इसीलिए आज भी लोगों के मन में ज़िंदा हैं। 'रात के हमसफर थक के घर को चले (*एन इवनिंग इन*

पेरिस), धानी चुनर बज उठेंगी हरे कांच की चूड़ियां (*कांच की चूड़ियां*), दिल की गिरह खोल दो (*रात और दिन*), आजकल तेरे मेरे प्यार के चर्चे हर जवान पर (*ब्रह्मचारी*), तुम प्यार से देखो हम प्यार से देखें (*सपनों का सौदागर*) जैसे बहुत गीत हैं जिनका यहां ज़िक्र करना रह गया है।

दिल का ना करना ऐतबार कोई

तेरे बिना आग ये चांदनी (*आवारा*)
ऐ मेरे दिल कहीं और चल (*दाग़*)
दुआ कर गमे दिल ख़ुद से दुआ कर (*अनारकली*)
ये शाम की तन्हाइयां ऐसे में तेरा गम (*आह*)
दर्दे जिगर ठहर जरा (*औरत*)
दिल का ना करना ऐतबार कोई (*हलाकू*)
टूटे हुए ख़्वाबों ने हमको ये सिखाया है (*मधुमती*)
तेरा जाना दिल के अरमानों का लुट जाना (*अनाड़ी*)
इक बेवफ़ा से प्यार किया हमने नजर को चार किया (*आवारा*)
झूमती चली हवा याद आ गया कोई (*सम्राट तानसेन*)
ओ जाने वाले हो सके तो लौट के आना (*बंदिनी*)
याद न जाए बीते दिनों की (*दिल एक मंदिर*)
पूछो न कैसे मैंने रैन बिताई (*मेरी सूरत तेरी आंखें*)
दिन ढल जाए हाय रात न जाए (*गाइड*)
क्या से क्या हो गया बेवफ़ा तेरे प्यार में (*गाइड*)
तुम्हें याद करते करते जाएगी रैन सारी (*आम्रपाली*)
पूछो न कैसे मैंने रैन बिताई (*मेरी सूरत तेरी आंखें*)
मन रे तू ही बता क्या गाऊं (*हमराही*)
क्या से क्या हो गया (*गाइड*)
दोस्त दोस्त ना रहा प्यार प्यार ना रहा (*संगम*)
तेरी याद न दिल से जा सकी (*चांद और सूरज*)

आरके की होली में – शैलेंद्र, प्राण और ऋषिकेश मुखर्जी।

रुला के गया सपना मेरा (*ज्वेल थीफ*)

दुनिया तेरे रंग निराले

दुनिया के जितने रंग शैलेंद्र के गीतों में उभरे हैं, उन्हें देखकर अंदाज़ा लगाना कठिन नहीं कि इस दुनिया को जितने करीब से शैलेंद्र ने देखा उतनी ही ईमानदारी से उन्होंने अपने अनुभवों को गीतों में ढाल दिया है। निश्चित ही, इसमें उन फिल्मों का भी योगदान है जिनमें शैलेंद्र को किरदारों के बहाने अपना प्यार, भावना, सूख-दुख अभिव्यक्त करने के अवसर मिले।

दुनिया के विविध रंग-रूप देखने हैं तो शैलेंद्र के गीतों में उतरना होगा! आवारा के गीत की ये पंक्तियां देखें –

आबाद नहीं बर्बाद सही
गाता हूं ख़ुशी के गीत मगर
जख़्मों से भरा सीना है मेरा

हंसती है मगर ये मस्त नज़र
दुनिया में तेरे तीर का
या तक़दीर का मारा हूं।

बर्बाद हूं, सीना जख़्मों से भरा है फिर भी मेरी नज़र मस्त है और हमेशा ख़ुशी के गीत गाता हूं! इस ऐतिहासिक, अमर गीत ने राज कपूर को ही दुनिया का चमकता सितारा नहीं बनाया बल्कि शैलेंद्र को भी *आवारा* की सफलता का सबसे बड़ा कारण बना दिया। फिल्म की कहानी इस गीत के एक मुखड़े में समा गई है। दुनिया के न जाने कितने सताये हुए आवाराओं की ज़िंदगी का फलसफा बना है यह गीत। दुनिया का यह रूप शैलेंद्र ही दिखा सकते थे। *आवारा* उनकी दूसरी ही फिल्म थी और संभवतः 'बरसात में हमसे मिले तुम' और 'पतली कमर है' के बाद शैलेंद्र का लिखा तीसरा गीत!

बुज़दिल के इस गीत में दुनिया के इस रूप का ज़िक्र करते है – 'जाने ना हाय ये दुनिया दिल की लगी' तो उन्हें यह भी यक़ीन है कि दुनिया भले ही ज़ालिम है एक दिन यह ज़रूर बदलेगी। सबके लिए अच्छी हो जाएगी – 'बदलेगी ये दुनिया बदलेगी बदलेगी ये दुनिया एक दिन बदलेगी (*संस्कार*)'

औरत फिल्म का एक गाना है – 'ये दुनिया बनाई है किस बेरहम ने बड़ा जुल्म देखा जमाने में हमने ... '। ग़रीबों की दुनिया अलग है और अमीरों की दुनिया अलग परंतु भरम ने ग़रीब को अब तक इस दुनिया से बांध रखा है। बिमल रॉय की कालजयी फिल्म *दो बीघा जमीन* में एक गीत है जो मज़दूरों के समूह में बड़े सुर-ताल में गाया गया है। दुनिया कैसी है इस गीत के शब्दों से जानिए – 'अजब तोरी दुनिया हो मोरे रामा ... ' आगे का अंतरा कबीर की रचना होने का भरम पैदा करता है! विरोधाभासी जीवन की उलटबांसियों जैसा। देखें –

पर्वत काटे सागर पाटे महल बनाए हमने
पत्थर पर बगिया लहराई फूल खिलाए हमने
होके हमारी हुई ना हमारी अलग तेरी दुनिया

अजब तोरी दुनिया हो मोरे रामा

शैलेंद्र आगे लिखते हैं कि जिस दिन तेरे बंदों की जान बिकना बंद हो जाएगी, जान की कीमत लगना बंद हो जाएगी उस दिन मानेंगे कि हां ये तेरी दुनिया है। इतनी गहरी बात और दुनिया बनाने वाले से सीधे-सीधे ज़िरह असाधारण है!

पतिता फिल्म के इस गीत में शैलेंद्र इस दुनिया के बारे में मस्त राम (आगा) के ज़रिए कहते हैं –

वहां छोटे-बड़े सब एक थे नहीं कोई जो तेरे दुख पर हंसे
वहां रिश्ते ना होंगे झूठ के सबको सीने से लगाती है तेरी दुनिया

भाई साहब फिल्म के इस गाने में तो शैलेंद्र ने दुनिया को एक तरह से बेनक़ाब कर दिया है। वह बड़े व्यंग्य भरे लहजे में लिखते हैं –

दुनिया तेरे रंग निराले
अपनी बुराई देख सके ना, और के दोष निकाले
हमारे सुख में शोक मनाए दुख में देखे तमाशा
आस्तीन में छुपके बैठे डसने वाले काले
दुनिया तेरे रंग निराले

बसंत बहार का यह भजन –

'दुनिया न भाए मोहे अब तो बुला ले चरनों में' और
'तेरी दुनिया से जाते हैं छुपाए दिल में गम अपना' (*हलाकू*)
'मालिक तेरे जहां में इतने बड़े जहां में कोई नहीं हमारा' (*अब दिल्ली दूर नहीं*)
'यह सच है ए जहां वालों हमें जीना नहीं आया
मरे सौ बार जीते जी मगर मरना नहीं आया ...' (*कल हमारा है*)

'कौन जाने रे बाबा दुनिया में पीर पराई ...' (*जवानी की हवा*)
'छोटी सी ये दुनिया पहचाने रास्ते हैं तुम कहीं तो मिलोगे' (*रंगोली*)
'अंधी है दुनिया प्यारे मतलब की दुनिया' (*छोटी-छोटी बातें*)
'ऐ मेरे दिल कहीं और चल ग़म की दुनिया से दिल भर गया'

माना कि दुनिया बुरी है, मतलबी है, अंधी है, क्रूर है, फिर भी कहीं कुछ तो बचा हुआ है। जो बचा हुआ है वही ख़ूबसूरत है। दुनिया के कई रंग हैं, हर रंग की अपनी कहानी है और हर इंसान की एक अलग दास्तान! फिर भी अगर दुनिया जीने लायक है, दुनिया देखने लायक है तो देखी जाए, जिया जाए, दुनिया को समझा जाए। दुनिया की देखी-अनदेखी, औरों के और अपने कड़वे अनुभवों के बावजूद शैलेंद्र आशावादी हैं, प्रगतिवादी हैं और इन्सान को इन्सान से प्यार करता हुआ देखना चाहते हैं। *अराउंड द वर्ल्ड* फिल्म का यह गीत भी तो शैलेंद्र की ही अभिव्यक्ति हैः

दुनिया की सैर कर लो दुनिया की सैर कर लो
इंसा के दोस्त बनकर इंसा से प्यार कर लो
एराउंड द वर्ल्ड इन एट डॉलर एराउंड द वर्ल्ड इन एट डॉलर

हम अमन चाहने वाले हम प्यार पे मरने वाले
एक बात कहें ये सबसे नफ़रत को मिटा दो जग से ... (*एराउंड द वर्ल्ड*)

ये दुनिया तो जैसी है वैसी ही रहेगी आख़िर जीना यहां है, मरना यहीं है। इसके सिवा जाना कहां!

जीना यहां मरना यहां इसके सिवा जाना कहां,
जी चाहे जब हमको आवाज़ दो हम थे वहीं हम हैं जहां
अपने यहीं दोनों जहां इसके सिवा जाना कहां ...

वहां कौन है तेरा

शैलेंद्र के गीतों का समग्र अवलोकन करने पर एक और तथ्य का पता चलता है – वह है 'उस पार' 'वहां'! उनके अमर गीतों में ऐसे कई हैं जिनमें वे दूसरी दुनिया की बात करते हैं। कभी उसकी तारीफ़ करते हैं तो कभी-कभी उस दुनिया से शिकायत भी है उन्हें। एक ऐसी दुनिया जहां सभी को जाना है और खाली हाथ ही जाना है! वहां और उस पार, कोई किसी का नहीं होगा। सब अकेले होंगे। सबको हाथी-घोड़े, महल-चौबारे छोड़कर ही वहां जाना होगा!

शैलेंद्र ने अपने गीतों में बहुत सी जगह दो दिन की ज़िंदगी का ज़िक्र किया है। शैलेंद्र के जीवन दर्शन में ज़िंदगी चार दिन की नहीं दो दिन की है। दो दिन की ज़िंदगी में जीवन के सभी कारोबार निपटाने हैं। इस हिसाब से, शैलेंद्र के कई गीतों में एक विरोधाभास भी नज़र आता है। कहीं वह इस दुनिया को छोड़कर चले जाने की बात करते हैं तो कई गीतों में उन्होंने उस पार की दुनिया को ही जीवन का सार कहा है। उनके इस पार की दुनिया से जुड़े कुछ गीतों को देखें –

दो दिन के लिए मेहमान यहां मालूम नहीं मंज़िल है कहां (*बादल*)
दो दिन की ज़िंदगानी में दुखड़े हैं बेशुमार
दो दिनों की कहानी ज़िंदगानी जी तो लें
आग है तो आग ही को करके पानी पी तो लें' (*हम दो डाकू*)

और यह गीत –

कहां जा रहा है तू ए जाने वाले अंधेरा है मन का दिया तो जला ले (*सीमा*)
ओ रे मांझी ओ रे मांझी.. मेरे साजन हैं उस पार मैं मन मार हूं इस पार
अब की बार ले चल पार ले चल पार मेरे साजन हैं उस पार (*बंदिनी*)

इस गीत के बिना शैलेंद्र के गीतों पर चर्चा अधूरी ही रहेगी।

वहां कौन है तेरा मुसाफ़िर जाएगा कहां
दम ले ले घड़ी भर ये ठियां पाएगा कहां

कोई भी तेरी राह न देखे नैन बिछाए न कोई
दर्द से तेरे कोई न तड़पा आंख किसी की न रोई ... आंख किसी की न रोई
कहे किसको तू मेरा मुसाफ़िर जाएगा कहां (*गाइड*)।

अंत में, शैलेंद्र यहां और वहां या फिर, इस पार या उस पार को इशारों में ना कहकर सीधे-सीधे कह देते हैं – ख़ुदा के पास जाना है और वहां यहां का कुछ नहीं जाएगा किसी के साथ भी कुछ नहीं जाएगा सब खाली हाथ जाएंगे। इसलिए यह झूठ, प्रपंच, धोखा,नफ़रत किस लिए!

सजन रे झूठ मत बोलो ख़ुदा के पास जाना है
ना हाथी है ना घोड़ा है वहां पैदल ही जाना है ... सजन रे झूठ मत बोलो
तुम्हारे महल चौबारे यही रह जाएंगे सारे अकड़ किस बात की प्यारे
ये सर फिर भी झुकाना है ... सजन रे झूठ मत बोलो ...

जीवन के सच को इतने कम और सरल शब्दों में शैलेंद्र के अलावा कौन समझा पाया है। सारा जीवन-सार समा गया है इस गीत में।

शैलेंद्र लोक कवि हैं। लोक जीवन की मनोहारी छवियां शैलेंद्र के गीतों में ही झलकती हैं, कहीं और नहीं। अगर कहीं हैं भी तो उनमें कृत्रिमता का भाव भी दिखाई देता है लेकिन शैलेंद्र के गीतों में हमें जो सहजता, सरलता, निश्छलता, अपनापन महसूस होता है, अन्यत्र नहीं। लगता ही नहीं कि ये गीत लोक से परे हैं, बल्कि उनके गीतों में प्रयुक्त शब्द इस लोक जीवन में रचे-बसे हैं। इसीलिए उनमें बनावटीपन बिल्कुल भी नहीं है। उन्हें जब-जब मौका मिला लोक जीवन से जुड़ी संस्कृति, उसके क्रिया-व्यापार की अभिव्यक्ति के लिए उसी परिवेश में बोले जाने वाले देशज शब्द अपने गीतों में लिए हैं। सुनकर लगेगा ही कि नहीं कि ये सिर्फ़ गीत हैं, फिल्म के

कथानक और किरदारों के मुताबिक बनी-बनाई धुनों पर रचे गए गीत। बल्कि ऐसा लगता है कि गीत के लिए ही किरदार रचे गए हैं!

इस दुनिया में आने और इसको अलविदा कहने यानी जन्म से लेकर मृत्यु तक मानव जीवन में जितने भी पड़ाव हैं, जितने भी अवसर हैं, शायद ही ऐसा कोई पड़ाव, कोई ऐसा अवसर होगा जहां पर शैलेंद्र के गीत आपके लिए, आपके साथ खड़े ना हों! शैलेंद्र के लिखे एक दो नहीं बल्कि कई-कई ऐसे गीत हैं जिनके बिना रिश्ते-नाते, तीज-त्योहार, ऊंच-नीच, प्यार व्यक्त ही नहीं होते!

बचपन की लोरियां शैलेंद्र के गीतों के बिना पूरी नहीं होतीं। रक्षाबंधन पर भाई को एक बहना द्वारा राखी के बंधन से बांधने का यह गीत अमर है। होली पर 'झिनक झिनक होली खेले नंदलाला (*माशूका*), 'दिन होली का आ गया (*एक गांव की कहानी*) और मोहम्मद रफी का गाया पहला होली गीत 'होली आई प्यारी प्यारी भर पिचकारी पिया रंग दे चुनरिया हमारी (*पूजा*)।

उनके हर गीत में दर्शन है, कबीराना अंदाज़ है। सबसे महत्त्वपूर्ण बात यह है कि किसी भी मूड और सिचुऐशन का गीत हो उसमें कोई न कोई संदेश और दर्शन छुपा हुआ है।

सच कहा जाए तो शैलेंद्र के यादगार और सदाबहार गीतों के बिना भारतीय फिल्म गीत-संगीत का इतिहास अपूर्ण है। इन गीतों के बिना वे फिल्में अधूरी हैं, उन फिल्मों के किरदार अधूरे हैं, नायक-नायिकाओं की इमेज अधूरी हैं, जिनके बिना तीज-त्योहार, होली-दीवाली, जीना-मरना, हंसना-रोना सब अधूरे हैं! उनके गीतकार व्यक्तित्व को यह टिप्पणी सबसे बेहतर ढंग से खोलती है:

> उन्होंने पैसे के लोभ में गीत कभी नहीं लिखे थे। यदि वैसा होता तो उस लोकप्रिय गीतकार ने अब तक न जाने कितनी बिल्डिंगें खड़ी कर ली होतीं। गीत लिखने के लिए जब तक उनके अपने अंतर्भावों की गूंज नहीं उठती तब तक वे न लिखते थे। काम को महीनों टालते रहते। कभी-कभी तो उनकी इस आदत के कारण झुंझलाहट-सी महसूस होती थी ... राज कपूर की अंतरराष्ट्रीय ख्याति के पीछे शैलेंद्र के गीतों का बहुत बड़ा हाथ था, उन गीतों को कभी नहीं बुलाया जा

सकेगा। मैं ही नहीं भारत की पूरी जनता इस महान कलाकार को कभी नहीं भुला पाएगी। क्योंकि यह उनका प्रतिनिधि था उनका कवि था।[1]

छठे दशक के शुरुआती वर्ष में ही, एक फिल्म बनी – *परख*। निर्देशक थे बिमल रॉय। संगीतकार थे सलिल चौधरी और गीतकार थे शैलेंद्र। वैसे तो इस फिल्म के सभी गीत पसंद किये गए। 'ओ सजना, बरखा बाहर आई' काफी हिट हुआ लेकिन एक गीत और था जिसकी चर्चा कम ही होती है। ये गीत था – 'क्या हवा चली बाबा, रुत बदली ... सौ सौ चूहे खाय के बिल्ली हज़ को चली।' इस गीत में आज़ादी के बाद के बदले हालात पर व्यंग्यात्मक टिप्पणी है। दिनेश शंकर शैलेंद्र कहते हैं:

> एक और ख़ास बात थी बाबा की कि जहां मौक़ा मिला वहां जो क्लास डिस्टिंक्शन है या कास्ट डिस्टिंक्शन है उसके बारे में बोलने से वे हिचकिचाए नहीं। जैसे परख में भी एक गाना है जो अगर आज की डेट में कोई लिखे तो उसके ऊपर काफ़ी विवाद भी हो सकता है और शायद बैन भी हो जाए, वह गाना है – 'क्या हवा चली'; उसको आप आज के कांटेक्सट में भी सुनिए, आपको लगेगा कि यह तो आज ही के लिए लिखा गया है कि – 'क्या हवा चली रे बाबा'। यह इतना हार्ड हिटिंग गाना था कि बिमल रॉय, सलिल चौधरी और शैलेंद्र ने सोचा होगा कि अगर हम में से कोई इसे गाएगा तो हम लोगों को ख़तरा हो सकता है। तो उन्होंने उसको फिल्म में जो बंगाली फोक होते हैं जिन्हें बाउल कहते हैं, जिनको ऑलमोस्ट पागलों का दर्जा दिया जाता है, उससे गवाया है।[2]

जिन्होंने भी *परख* देखी है उन्हें इसकी दिलचस्प कहानी और इसके ख़ास तरह के कई संवाद आज भी याद होंगे। *परख* से शैलेंद्र का एक और व्यक्तित्व जुड़ा है। इसके संवाद शैलेंद्र ने लिखे! कहानी संगीतकार सलिल चौधरी ने लिखी थी। संगीतकार यहां

[1] तुम अमर हो, अपने गीतों में अमर हो मेरे दोस्त – राज कपूर, धरती कहे पुकार के ... गीतकार शैलेंद्र, संपादक: इंद्रजीत सिंह, पृष्ठ 127-28।

[2] लेखक की दिनेश शंकर शैलेंद्र से बातचीत, 18 नवंबर 2022।

कहानीकार है और गीतकार संवाद लेखक! इसका भी एक रोचक किस्सा हैः

> बिमल रॉय ने एक दिन सलिल चौधरी और शैलेंद्र को घर पर बुलाया और कहा कि मैं एक फिल्म बनाने जा रहा हूं और इसमें गाने नहीं होंगे तो दोनों चौंके कि गाने क्यों नहीं होंगे? वह बोले कि नहीं एक अलग-सी फिल्म बनाते हैं। तो फिर क्या होगा, उन्होंने कहा कि जो हमारा म्यूजिक डायरेक्टर है वह स्क्रीनप्ले लिखेगा और गीतकार डायलॉग लिखेगा, तो म्यूजिक अपने आप आ जाएगा फिल्म में! फिल्म शुरू हो गई, फिर सलिल दा और बाबा ने बिमल रॉय को कन्वींस किया कि गाने रखिए, अगर गाने रखेंगे तो फिल्म और अच्छी हो सकती है, तब बिमल रॉय मान गए और उन्होंने गाने रखे।[3]

[3] वही।

6. छोटी-सी ये दुनिया पहचाने रास्ते हैं

फिल्मी दुनिया में शैलेंद्र के बारे में मशहूर था कि वे चुटकियों में गीत का मुखड़ा लिख देते हैं। बातों-बातों में उनके मुंह से कोई गीत बन जाता है और यह कोई मामूली गीत नहीं होता आगे चलकर यही किसी फिल्म की जान बन जाता है, किसी का शीर्षक गीत बन जाता है और सुनने वालों के लिए सदाबहार यादगार गीत। इस बात में शत-प्रतिशत सचाई है। एक-दो नहीं बल्कि बहुत से गीत ऐसे हैं जो शैलेंद्र ने बातों-बातों में लिख दिए।

उनका दुनिया को, लोगों को, प्रकृति को देखने का अपना नज़रिया था जो इतना व्यापक था कि शब्द अपने आप ही किसी गीत के मुखड़े का रूप ले लेते थे। इसके पीछे उनके जीवन के सुखद-दुखद अनुभव थे। पहली फिल्म *बरसात* का पहला ही गीत – 'बरसात में हम से मिले तुम सजन तुम से मिले हम बरसात में ... ' भी ऐसे ही बना। कहते हैं शैलेंद्र जब राज कपूर से मिलने महालक्ष्मी गए तो रास्ते में बरसात होने लगी। इस बरसात ने उनके हृदय को अंदर तक भिगो दिया और *बरसात* फिल्म को अपना थीम सॉन्ग मिला। शैलेंद्र ने राज कपूर से अपनी पहली मुलाक़ात को ही बरसात के थीम सॉन्ग का मुखड़ा बना दिया। यही नहीं इस फिल्म के आख़िरी अंतरे में शब्द हैं –

देर न करना कहीं ये आस टूट जाए, सांस छूट जाए,
तुम ना आओ दिल की लगी मुझे न जलाए ...

इसकी पहली लाइन 'देर न करना कहीं ये आस टूट जाए' उनकी पत्नी शकुंतला शैलेंद्र की है। शैलेंद्र आर्थिक स्थिति ठीक न रहने के कारण उन्हें अपने पास मुंबई नहीं बुला पा रहे थे। तब उन्होंने शैलेंद्र को झांसी से एक पत्र लिखा जिसमें ये लाइनें लिखीं!

अब ज़रा इन पंक्तियों पर ग़ौर करें:

नन्हे मुन्ने बच्चे तेरी मुट्ठी में क्या है
मुट्ठी में है तक़दीर हमारी
हमने क़िस्मत को बस में किया है

हम से ना छुपाओ बच्चो हमें तो बताओ
आने वाली दुनिया कैसी होगी समझाओ
आने वाली दुनिया में सबके सर पे ताज होगा
ना भूखों की भीड़ होगी ना दुखों का राज होगा
बदलेगा ज़माना ये सितारों पे लिखा है

इस गीत को सुनकर बच्चों का भविष्य क्या होगा और बच्चे आने वाली दुनिया कैसी चाहते हैं, का पता चलता है। *बूट पॉलिश* का यह गीत जन्मकुंडली के विरोधस्वरूप लिखा गया! जी हां, शैलेंद्र के बेटे बंटू की जन्मकुंडली बनवाने की बात चली तो उन्होंने इसका विरोध किया। उनकी पत्नी के मायके वाले चाहते थे कि जन्मकुंडली बने। शैलेंद्र का इन सब से भरोसा उठ चुका था। एक कवि विरोध भी तो कविता में ही व्यक्त करता है!

मुसाफिर फिल्म का यह गाना उस सवाल के जवाब में बना जो शैलेंद्र के बड़े बेटे ने एक दिन अपनी मां से पूछा कि मां तुम रोज रोटी क्यों बनाती हो, रोटियों का पेड़ क्यों नहीं लगा लेते हम! मां से पूछा गया यह सवाल शैलेंद्र तक पहुंचा तो यह एक गीत बन गया। गीत कुछ इस तरह है –

मुन्ना बड़ा प्यारा अम्मी का दुलारा,
कोई कहे चांद कोई आंख का तारा

एक दिन वह मां से बोला क्यों फूंकती है चूल्हा,

क्यों न रोटियों का पेड़ हम लगा लें,
आम तोड़ें रोटी तोड़ें रोटी आम खा लें,
काहे कले लोज लोज तू ये झमेला
अम्मी को आई हंसी हंसके वो कहने लगी
लाल मेहनत के बिना रोटी किस घर में पकी ...

रोटी वाले अंतरे में मात्र जिज्ञासा नहीं है। उस जिज्ञासा का तर्कपूर्ण जवाब भी है। बिना मेहनत के चूल्हा नहीं जलता, बिना मेहनत के रोटियां नहीं पकतीं!

आवारा हूं, आवारा हूं, गर्दिश में हूं आसमान का तारा हूं ... । आवारा हूं ...। *आवारा* फिल्म के इस टाइटल सौन्ग का मुखड़ा तो शैलेंद्र ने कहानी सुने बिना ही सिर्फ़ फिल्म के नाम यानी आवारा शब्द को सुनकर ही लिख दिया था। हालांकि उस समय राज कपूर को यह मुखड़ा पसंद नहीं आया था लेकिन फिल्म के लेखक ख़्वाजा अहमद अब्बास ने जब इसे सुना तो उन्होंने कहा कि यह तो फिल्म का मुख्य गीत होना चाहिए। फिल्म की शूटिंग पूरी हो चुकी थी लेकिन राज कपूर को भी इस गीत में कुछ नज़र आने लगा। बाद में इसे *आवारा* का मुख्य गीत बनाया गया। बाद का इतिहास तो सर्वज्ञात है। यह गीत देश ही नहीं सारी दुनिया का मुख्य गीत बन गया। आज भी इस गीत की प्रसिद्धि कम नहीं हुई बल्कि और बढ़ गई है।

यह थीम गीत पहली नज़र में नहीं चढ़ा लेकिन एक गीत का मुखड़ा तो ऐसा है जो शैलेंद्र ने गुस्से में अपने जिगरी दोस्तों के लिए लिखा। यह उस दौर की बात है जब शैलेंद्र को लगा कि उनके दोस्त शंकर-जयकिशन उनसे अधिक किसी और गीतकार को तवज्जो देने लगे हैं। यह सोच मनमुटाव में बदल गई। फिर क्या था एक पर्ची पर कुछ लाइनें लिखकर उन तक पहुंचा दीं। दोस्तों तक शैलेंद्र की बात पहुंच चुकी थी। अगली फिल्म में दोस्तों यानी शंकर-जयकिशन ने एक धुन बनाई जिस पर यह मुखड़ा बैठाया और बन गया एक सुपर हिट गीत। फिल्म का नाम था – *रंगोली* और गीत था – 'छोटी-सी ये दुनिया पहचाने रास्ते हैं, तुम कभी तो मिलोगे कहीं तो मिलोगे, तो पूछेंगे हाल।' वाह दोस्ती ज़िंदाबाद दोस्तों की नाराज़गी ज़िंदाबाद। आज के दौर में दोस्ती की ऐसी मिसाल क्या मिल पाएगी। क्या हम ऐसी दोस्ती की कल्पना कर सकते हैं?

यह सर्वविदित है कि राज कपूर अपने गीत-संगीत पर बहुत मेहनत करते थे और यह भी सच है कि वह अपने लेखक-गीतकार और संगीतकार को उतनी ही इज़्ज़त भी देते थे। उन्हें संगीत की अच्छी समझ थी। उससे भी अधिक उन्हें उसकी परख थी। इसलिए वह अपनी फिल्म के गीतों, उनके मुखड़े और अंतरे पर ख़ूब ठोक बजाकर ही आगे बढ़ते थे। कई बार ऐसा होता था कि वह अपने लेखक या गीतकार से इत्तेफ़ाक नहीं रखते थे या उन्हें कोई मुखड़ा या कोई लाइन पसंद नहीं आती थी तो वह लाइन गीतकार बदल देते थे लेकिन शैलेंद्र के मामले में ऐसा नहीं था।

शैलेंद्र राज कपूर के अज़ीज़ थे। वह उनकी बेहद इज़्ज़त भी करते थे लेकिन कभी-कभी दोनों के बीच गीतों के मुखड़े या फिर उसके अंतरे को लेकर बहस भी हो जाती थी लेकिन होता वही था, जो शैलेंद्र चाहते थे। शैलेंद्र ज़िद्दी थे और अगर एक बार वे ज़िद पर अड़ जाते तो दुनिया की कोई ताक़त उनके शब्दों को इधर से उधर करने की सोच भी नहीं सकती थी, राज कपूर भी नहीं। फिल्म *श्री 420* में एक मशहूर गीत हैः

प्यार हुआ इक़रार हुआ है प्यार से फिर क्यों डरता है दिल,
कहता है दिल रस्ता मुश्किल
मालूम नहीं है कहां मंज़िल

रातें दसों दिशाओं से कहेंगी अपनी कहानियां
गीत हमारे प्यार के दोहराएंगी जवानियां
मैं न रहूंगी तुम न रहोगे फिर भी रहेंगी निशानियां ...

आख़िरी अंतरे में आई इन पंक्तियों – 'रातें दसों दिशाओं से कहेंगी अपनी कहानियां' पर शंकर को आपत्ति हुई। उनका कहना था कि दिशाएं तो चार होती हैं फिर ये दस दिशाएं कहां से आ गईं। यह लाइन किसी की समझ में नहीं आएगी। बात बढ़ती गई। राज कपूर को बीच में आना पड़ा। उन्होंने शैलेंद्र को समझाया कि वह लाइन बदल दें लेकिन शैलेंद्र अपनी बात पर अड़े रहे।

राज कपूर ने शैलेंद्र के स्वभाव के बारे में लिखा है:

> किसी से दबकर या बात को घुमा फिरा कर कुछ कहना तो उन्होंने सीखा ही नहीं था। यही कारण था कि वह मेरा सच्चा और ईमानदार दोस्त था। मेरे साथ वे सत्रह-अठारह साल तक रहे। वह मेरी फिल्मों के सच्चे आलोचक थे। किसी बात पर बाकी सब तो 'वाह-वाह' में मगन हैं मगर शैलेंद्र साहब हैं कि मुंह लटकाए सोच में डूबे हैं। बात नहीं जंची तो नहीं जंची। फिर मजाल है कि कोई टस से मस कर दे। लेकिन बात वह पूरे आत्मविश्वास और तर्क के साथ करते थे।[1]

अंततः यह पंक्ति *श्री 420* के इस सदाबहार गीत में बरक़रार रही। कहना न होगा कि यह गीत आज भी उतना ही पसंद किया जाता है जितना कि उस समय और आगे भी यह गीत अमर बना रहेगा। ऐसा माना जा सकता है कि ये लाइनें भी शैलेंद्र को कहीं ना कहीं से मिली होंगी। उनके पास जीवन का व्यापक अनुभव था, संभवतः उसी भंडार से ये लाइनें इस गीत में आई होंगी!

जिस देश में गंगा बहती है के सभी गाने हिट थे। फिल्म हिट थी। राज कपूर और *जिस देश में गंगा बहती है* एक दूसरे के पर्याय हैं तो शैलेंद्र के गीतों के बिना *जिस देश में गंगा बहती है* सूखी और अधूरी होगी। गीत है – 'तुम भी हो हम भी हैं दोनों हैं आमने सामने'। गीत की शुरुआत इन शब्दों से होती है – 'है आग हमारे सीने में हम आग से खेलते आते हैं, टकराते हैं जो इस आग से वे मिट्टी में मिल जाते हैं।'

यहां पर लाइन का अर्थ ही बदल जाता है जबकि यह लाइन शैलेंद्र ने राज कपूर को तब कही जब उनमें किसी एक गीत को लेकर तीखी बहस हो गई। इस बहस में शैलेंद्र के मुंह से यह लाइन निकल गई 'तुम भी हो हम भी हैं दोनों हैं आमने सामने देखते हैं क्या होता है।'

और यह लाइन ख़ूबसूरती के साथ इस गीत में आई है। वहां इस लाइन का अलग संदर्भ था और यहां इस गीत में यह बिल्कुल अलग संदर्भ में है। यही तो शैलेंद्र के गीतों

[1] तुम अमर हो, अपने गीतों में अमर हो मेरे दोस्त – राज कपूर, *धरती कहे पुकार के . . .* गीतकार शैलेंद्र, संपादकः इंद्रजीत सिंह, पृष्ठ 127-28।

की ख़ूबसूरती है कि उनके हर गीत में कोई न कोई संदर्भ जरूर होता है। कई बार तो एक ही गीत में कई-कई संदेश होते हैं जो कभी-कभी सीधे-सीधे या फिर घुमा फिरा कर व्यक्त हुए हैं।

लव मैरिज का भी एक गाना फिल्म में अलग सिचुएशन में है और उसके लिखे जाने का संदर्भ दूसरा है। एक समय में जब संगीतकार अलग तरह का संदेश तैयार कर रहे थे और उसी हिसाब से गीत लिखे जा रहे थे जिनसे शैलेंद्र व्यथित थे। उनका मानना था कि हमारे देश में संगीत की समृद्ध परंपरा रही है लेकिन कुछ लोग बाहर के संगीत की नक़ल कर लोगों को परोस रहे हैं। उन्होंने इसे भेड़चाल कहा और व्यंग्यात्मक लहजे वाला यह गीत लिख दिया। इस गीत में व्यंग्य तो है, साथ ही नसीहत भी है और उस समृद्ध परंपरा का ज़िक्र भीः

टीन कनस्तर पीट पीट कर
गला फाड़कर चिल्लाना –
यार मेरे मत बुरा मान
यह गाना है न बजाना।

यह बात अलग है कि बाद में फिल्म इंडस्ट्री में ऐसा दौर आया कि उधर का माल इधर ख़ूब हुआ और अभी तक हो रहा है। नक़ल कर-कर कुछ लोगों ने तो फिल्म इंडस्ट्री में ख़ूब चांदी काटी है!

नवकेतन के बैनर तले विजयानंद के निर्देशन में जब *गाइड* की घोषणा हुई तो गीतकार के रूप में सिर्फ़ हसरत जयपुरी का नाम था। हसरत जयपुरी दो गीत लिख चुके थे जिनमें से एक गीत की तो रिकॉर्डिंग भी हो चुकी थी लेकिन विजयानंद और देवानंद दोनों को ही गाइड के मुताबिक गीत जंच नहीं रहे थे। तब शैलेंद्र से संपर्क साधा गया। शैलेंद्र राज़ी हो गए। पहली बैठक हुई। पहली बैठक में गीत की सिचुएशन जैसे ही उन्हें बताई जाने लगी उन्होंने उसी वक़्त एक सिगरेट सुलगाई और सिगरेट के पैकेट पर दो लाइनें लिख दीं। ये लाइनें थीं – 'दिन ढल जाए हाय रात न जाए, तू तो ना आए तेरी याद सताए'। यह गीत फिल्म का अभिन्न हिस्सा बना। यह आज भी दिल को छूता है।

प्यार में जिनके सब जग छोड़ा और हुए बदनाम
उनके ही हाथों हाल हुआ ये बैठे हैं दिल को थाम
अपने कभी थे अब हैं पराए ... दिन ढल जाए हाय रात न जाए

आनंदमठ के एक गीत के लिए शैलेंद्र को सुबह से शाम हो गई लेकिन गीत नहीं लिखा जा सका। गीत का मुखड़ा लिखने के लिए इतनी मशक़्क़त उन्हें कभी नहीं करनी पड़ी लेकिन उस दिन बात बन ही नहीं रही थी कि तभी उनसे मिलने मथुरा के दिनों के दोस्त अचानक वहां पहुंच गए।

शैलेंद्र को पता था कि मथुरा के इंटर कॉलेज के दिनों का वह दोस्त ब्रज के लोकगीत बड़ी ख़ूबसूरती से गाता था। गाता ही नहीं था शैलेंद्र की तरह उसको भी कविताएं लिखने का शौक था और लिखता भी था। शैलेंद्र ने उस दोस्त से कुछ छंद सुनाने के लिए कहा तो उसने आठ-दस छंद शैलेंद्र को सुना दिए। सुनते ही शैलेंद्र खुश हो गए और उनके मुंह से यही निकला, 'हो गया ... हो गया ... वल्लभ! अब मेरा गीत हो गया।'

दोस्त का नाम था ब्रज वल्लभ मिश्र और जो गीत बना उसके बोल थे – 'नैनों में सावन मन में रे फागुन, पल छिन जले जले औ' जलाए, याद आए बचपन याद आए रे ...।' बचपन के दोस्त का अचानक मिलना और इसका ज़िक्र गीत में आ जाना! इस गीत का पहला अंतरा ही इस मुलाक़ात और बचपन की दोस्ती की स्मृति से पूरा होता है। अगर उस दिन दोस्त ना आता तो यह गीत इस रूप में हमारे सामने नहीं होता!

परख फिल्म के संवाद शैलेंद्र ने लिखे। ज़ाहिर है उसके गीत भी शैलेंद्र के ही लिखे हैं। इस फिल्म का एक बहुत ही प्यारा और मधुर गीत है – 'मिला है किसी का झुमका, ठंडे-ठंडे हरे हरे नीम तले ... ।' इस फिल्म के संगीतकार सलिल चौधरी एक बार शैलेंद्र के साथ गाड़ी में कहीं जा रहे थे। पहाड़ी रास्ता था, पहाड़ों से होकर गुज़रती गाड़ी जब चढ़ाई पर होती तो गाड़ी की रफ़्तार भी कम हो जाती। तभी गुड़हल का एक फूल अपनी डाल से छिटककर गाड़ी के आगे गिरा। शैलेंद्र ने जब उस फूल को नीचे गिरते देखा तो झट से अपनी कलम निकाली और एक कागज पर लाइन लिख दी। यह लाइन थी 'गिरा है किसी का झुमका।'

ऐसे ही एक बार शैलेंद्र और शंकर-जयकिशन कहीं जा रहे थे। रास्ते में कुछ मज़दूरों को उन्होंने काम के दौरान गाते देखा और तभी उनके दिमाग में ये लाइनें 'रमैया वस्ता वैया रमैया वस्ता वैया' बैठ गईं। जब मौका मिला तो यह गीत बन चुका था जो आज भी उतना ही मशहूर है –

रमैया वस्ता वैया रमैया वस्ता वैया
मैंने दिल तुझको दिया

ब्रह्मचारी फिल्म के इस गीत में बच्चों के जितने भी नाम हैं वे शैलेंद्र के बच्चों और उनके भाइयों और पड़ोसियों के हैं:

चक्के पे चक्का,चक्के में गाड़ी,
गाड़ी में निकली अपनी सवारी,
चुन्नू छबीले मुन्नू हठीले
मखमल की टोपी छोटू रंगीले
लल्लू बटाटा लल्ली टमाटा
कामा बनेंगे गट्टू गठीले

मधुमती के गाने रिकार्ड हो रहे थे। शैलेंद्र देर रात घर लौटते थे। एक रात इतनी पीकर लौटे कि ड्राइवर को भी संभालने में मुश्किल हो रही थी। शैलेंद्र ने देखा पड़ोसी हंस रहे हैं। उन्हें अच्छा नहीं लगा। दूसरे दिन ये गीत लिख डाला – 'जंगल में मोर नाचा किसने देखा किसने देखा।' सबसे दिलचस्प किस्सा तो संगम के गीत 'बोल राधा बोल संगम होगा कि नहीं ... ' का है। राज कपूर अपनी इस पहली रंगीन फिल्म के लिए बतौर हीरोइन वैजयंती माला को लेना चाहते थे लेकिन वैजयंती माला हामी नहीं भर रही थीं। हामी क्या, न तो 'ना' कह रही थीं और न 'हां'।

शैलेंद्र को पता था कि *संगम* की हीरोइन का नाम राधा और हीरो का नाम सुंदर है। फिर क्या था। लिख डाला एक मुखड़ा – 'बोल राधा बोल संगम होगा कि नहीं'।

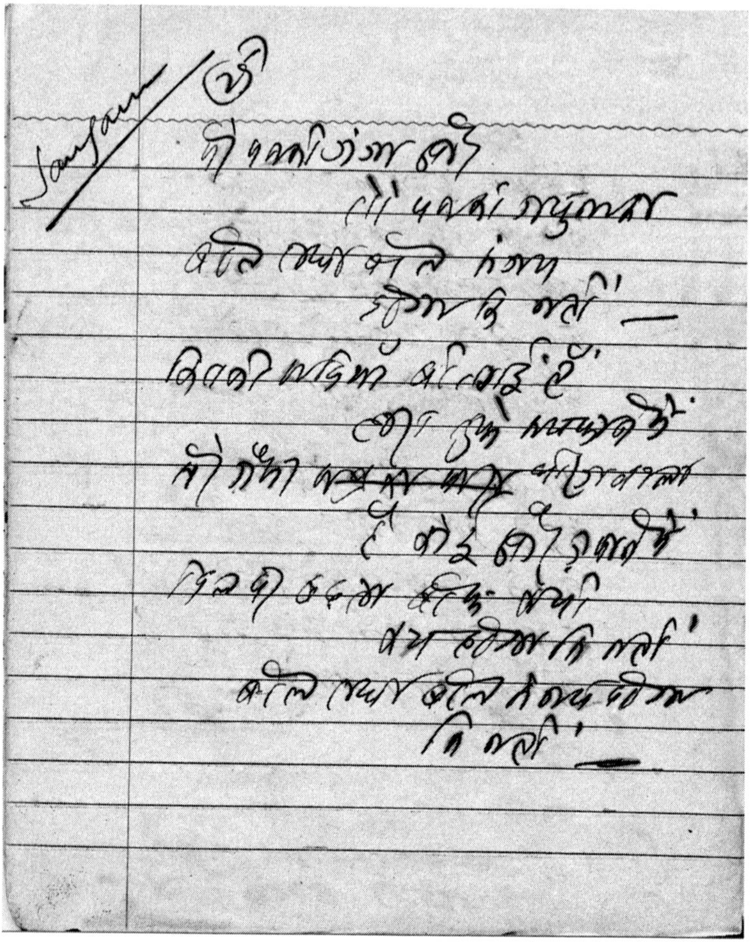

'बोल राधा बोल संगम होगा कि नहीं'।

राज कपूर को तो जैसे कोई ख़ज़ाना मिल गया। उन्होंने वैजयंती माला से बात करने का फिर से मन बनाया। उन्होंने तब के मद्रास में शूटिंग कर रही वैजयंती माला को एक टेलीग्राम भेजा जिसमें यही शब्द लिखे। राज कपूर के लिए सुखद आश्चर्य यह था कि वैजयंती माला ने जवाब में जो लिखा वह था – 'होगा होगा होगा।' आगे चलकर जब यह गीत बना तो इसके बोल थे – 'मेरे मन की गंगा और तेरे मन की जमुना का, बोल राधा बोल संगम होगा कि नहीं ... होगा होगा होगा।'

अंग्रेजी के जगत प्रसिद्ध कवि शेली को शैलेंद्र बहुत पसंद करते थे। उन्होंने शेली को ख़ूब पढ़ा था। लाइब्रेरी से,रेलवे स्टेशन से या फिर कहीं से भी, वह शेली को तलाश ही लेते थे। वह उनसे इस कदर प्रभावित थे कि अपने पहले बच्चे का नाम ही उन्होंने शैली शैलेंद्र रखा। शेली की एक मशहूर कविता है 'टू अ स्काइलार्क' जिसमें ये लाइनें हैं – 'वी लुक बिफोर एंड आफ्टर, एंड पाइन फॉर व्हाट इज नॉट, अवर सिंसियरेस्ट लाफ़्टर विद सम पेन इज फ्रॉट; अवर स्वीटेस्ट सौंग्स आर दोज दैट टेल ऑफ सैडेस्ट थॉट।' इससे प्रेरित होकर शैलेंद्र ने *पतिता* फिल्म में एक गीत लिखा जिसके बोल थे –

हैं सबसे मधुर वो गीत जिन्हें, हम दर्द के सुर में गाते हैं,
जब हद से गुज़र जाती है ख़ुशी, आंसू भी छलकते आते हैं …

7. *तीसरी कसम*

रुला के गया सपना मेरा

साठ का दशक, भारतीय सिनेमा के इतिहास का स्वर्णिम दौर। आज़ादी के वातावरण में देश नई सांस लेने लगा था। कल तक जो फिल्में अंग्रेजी हुकूमत को ललकारने और देश की जनता में राजनीतिक संघर्ष की चेतना उत्पन्न करने के लिए बनाई जाती थीं वे अब देश और समाज की समृद्धि और सामाजिक ताने-बाने को ठीक करने के उद्देश्य से बनने लगीं। इस दौर की फिल्मों में, आम आदमी की कहानियां जगह पाने लगीं। आम आदमी की कहानियां और किरदार फिल्मों के विषय बनने लगे, उनकी भावनाएं गीत-संगीत में व्यक्त होने लगीं। इसी दौर में, भारतीय फिल्म संगीत ने नई ऊंचाइयां छुईं। इस दौर का गीत-संगीत सभी की ज़ुबान पर चढ़ने लगा। सामाजिक ताने-बाने में बुनी कहानियों और किरदारों को गीत-संगीत ने सफलता के कई और ऊंचे पायदान पर पहुंचा दिया। इस दौर की तमाम फिल्मों की सफलता के पीछे सबसे बड़ा कारण, इन फिल्मों में गीत-संगीत का होना माना गया।

फिल्मों के ज़रिए गीत-संगीत देश के कोने-कोने में पहुंच रहा था और लोगों के सुख-दुख का हिस्सा बन चुका था। आम आदमी की अभिव्यक्ति बने इन गीतों में सब कुछ था और यह सब कुछ अपने शब्दों में पिरोने वाला एक नाम था – शैलेंद्र। यह वही दौर था जब शैलेंद्र के गीत देश में ही नहीं, दुनिया भर में धूम मचा रहे थे।

वैसे तो इस दौर में शैलेंद्र अकेले गीतकार नहीं थे जिनकी पहुंच जन-जन तक थी बल्कि और भी कई गीतकार और शायर थे जो फिल्मी गीतों के ज़रिए आम लोगों की भावनाएं व्यक्त कर रहे थे लेकिन शैलेंद्र के गीतों की एक ख़ासियत थी – आम बोलचाल की भाषा और सीधे-सरल शब्दों का उपयोग! जबकि अधिकतर गीतकार उर्दू बैकग्राउंड के थे और भारतीय फिल्मों में नाटक तथा मेलोड्रामा की शैली में उर्दू-

फ़ारसी के शब्दों का बोलबाला था। ऐसे में शैलेंद्र वे गीत लेकर आए जिन्होंने उन्हें जन-जन का गीतकार बना दिया। इस दौर की फिल्मों की कामयाबी में शैलेंद्र के गीतों का बहुत बड़ा योगदान है। शैलेंद्र इस दौर के शीर्ष गीतकारों में थे और सबसे अधिक पैसा पाने वाले भी।

आईएमबीडी की रेटिंग के अनुसार 1960 के दशक की शीर्ष दस फिल्में इस प्रकार हैं –

> 1. *मुग़ल-ए-आज़म* (8.1), 2. *गाइड* (8.4), 3. *वो कौन थी* (7.5), 4. *कानून* (7.9), 5. *आम्रपाली* (6.7), 6. *काला बाज़ार* (7.1), 7. *सत्यकाम* (8.3), 8. *साहिब बीबी और ग़ुलाम* (8.1), 9. *इत्तेफ़ाक़* (7.4),10. *एन ईवनिंग इन पेरिस* (6.5) [1]

यहां इन फिल्मों का *तीसरी कसम* के प्रसंग से कोई सीधा संबंध नहीं है। फिल्मों का ज़िक्र इसलिए किया जा रहा है कि इनमें से अधिकतर में शैलेंद्र के गीत पिरोये गए हैं। यदि इन फिल्मों से गीतों को निकाल दें तो इनकी सफलता और पहचान दोनों स्तरों पर इनकी रेटिंग नीचे या जाएगी। इसके अनुसार, 1960 के दशक की सर्वश्रेष्ठ रेटिंग वाली फिल्म *गाइड* है। सभी जानते हैं कि *गाइड* के गीतों का इस फिल्म के लिए क्या महत्त्व है। यह फिल्म जितनी अपने कथानक और अभिनय के लिए सराही गई उतनी ही गीतों के लिए। इसके अलावा, *आम्रपाली*, *काला बाजार* और *एन ईवनिंग इन पेरिस* की सफलता में इन फिल्मों के गीतों का योगदान कमतर नहीं आंका जा सकता बल्कि गीतों की लोकप्रियता फिल्म से अधिक रही। आज भी इन फिल्मों के गीत सबसे अधिक सुने और पसंद किया जाते हैं।

1960 में कुल 11 फिल्मों में शैलेंद्र ने लगभग 54 गीत लिखे। 1961 में 12 फिल्मों में 60 से अधिक गीत लिखे। इसी प्रकार, 1962 से लेकर 1966 तक यानी *तीसरी कसम* के निर्माण तक शैलेंद्र ने 43 फिल्मों में ढाई सौ से अधिक गीत लिखे। इसी बीच, उन्होंने *परख* के लिए संवाद भी लिखे। बताने की आवश्यकता नहीं है कि

[1] 1960 के दशक की टॉप दस फिल्मों की आईएमबीडी रेटिंग।

शैलेंद्र ने जितने भी गीत लिखे वह सभी हिट रहे। कुछ फिल्में भले ही ना चली हों लेकिन शैलेंद्र के गीत अवश्य चले। कई फिल्में शैलेंद्र के गीतों की वजह से ही पहचानी गईं। साहिर लुधियानवी और बाद में गोपालदास नीरज जैसे गीतकारों को ही वह दर्जा प्राप्त है जिनका लिखा हर गीत पसंद किया गया। ऐसा नहीं हुआ कि एक फिल्म के आठ या दस गीतों में दो या तीन पसंद किए गए हों और बाकी नापसंद! शैलेंद्र के गीतों में जादू था। इसीलिए उन्हें गीतों का जादूगर कहा गया! वह जादू बरकरार है।

एक सफल और समृद्ध गीतकार को विशुद्ध साहित्यिक कहानी पर *तीसरी कसम* बनाने की क्या सूझी? अगर फिल्म बनाने का शौक ही था तो कोई फार्मूला फिल्म या कोई भी फिल्मी कहानी उठाकर उस पर फिल्म बना सकते थे और बाजार के नक़्शेक़दम पर पैसा भी कमा सकते थे। लेकिन शैलेंद्र ने ऐसा नहीं किया। क्यों नहीं किया। इसके सवाल का जवाब तलाशने की यहां कोशिश की गई है।

दो बीघा जमीन के बाद शैलेंद्र बिमल राय की टीम का एक अभिन्न हिस्सा बन गए। *मधुमती* के निर्माण के दौरान शैलेंद्र बिमल राय के साथ शूटिंग में भी साथ रहते थे। *मधुमती* के सेट पर ही शैलेंद्र और बासु भट्टाचार्य की दोस्ती हुई। *मधुमती* के निर्देशक बिमल रॉय थे और बिमल रॉय के सहायक थे बासु भट्टाचार्य। सेट पर बासु भट्टाचार्य के हाथों में एक किताब रहती थी जिसे वह पढ़ते रहते थे। शैलेंद्र ने एक दिन उस किताब के बारे में उत्सुकतावश बासु भट्टाचार्य से पूछा कि ऐसा क्या ख़ास है इस किताब में। इस पर बासु भट्टाचार्य ने वह किताब शैलेंद्र को दे दी और कहा कि इसकी कहानी *मारे गए गुलफाम* पढ़ो और उसके बाद फैसला करना कि फणीश्वरनाथ रेणु की यह कहानी क्यों ख़ास है। फणीश्वरनाथ रेणु की कहानी *तीसरी कसम अर्थात मारे गए गुलफाम* में शैलेंद्र की दिलचस्पी जगी। शैलेंद्र ने कहानी पढ़ी और अचानक फैसला किया कि वह इस पर फिल्म बनाएंगे।

फिल्म बनाने के विचार को मूर्त रूप देने के लिए शैलेंद्र ने 23 अक्टूबर 1960 को फणीश्वरनाथ रेणु को एक पत्र लिखा जिसमें उन्होंने लिखा कि 'पांच लंबी कहानियां पढ़ीं। आपकी कहानी मुझे बहुत पसंद आई। फिल्म के लिए उसका उपयोग कर लेने की अच्छी पॉसिबिलिटीज हैं। आपका क्या विचार है। कहानी में मेरी व्यक्तिगत रूप से दिलचस्पी है। इस संबंध में यदि लिखें तो कृपा होगी।'

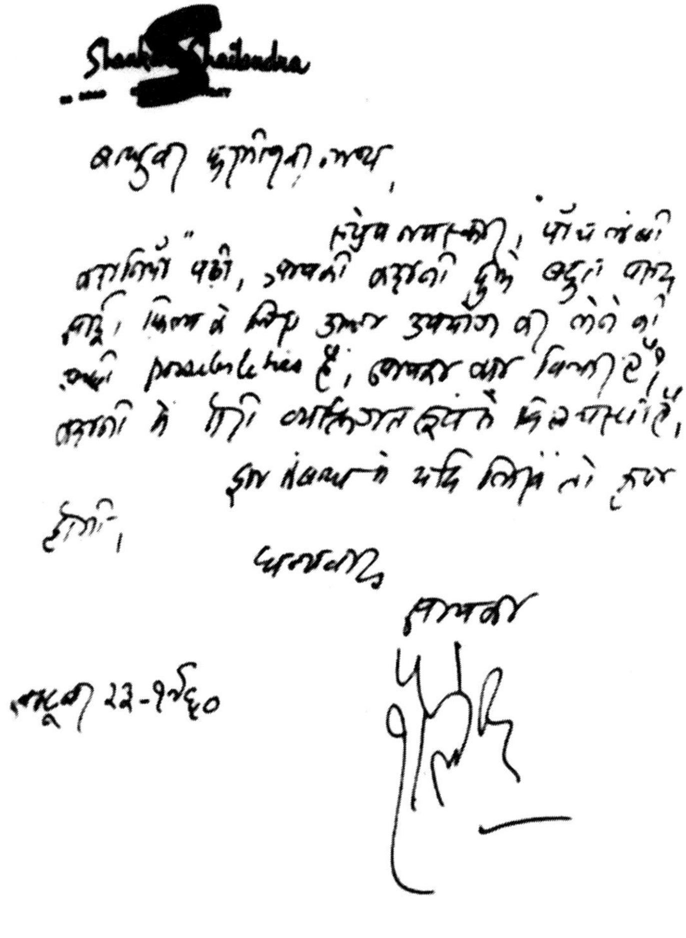

शैलेंद्र का 23 अक्टूबर, 1960 को लिखा फणीश्वरनाथ रेणु को पत्र।

इस पत्र के मिलते ही रेणु ने तुरंत जवाबी पत्र लिखा जिसमें उन्होंने लिखा कि यह जानकर प्रसन्नता हुई कि आपने मेरी कहानी *तीसरी कसम* में फिल्म की संभावनाएं देखी हैं। मैं दिल्ली जा रहा हूं। इस संबंध में पत्र व्यवहार दिल्ली के पते पर ही करें। फणीश्वरनाथ रेणु ऑल इंडिया रेडियो की एक स्क्रिप्ट राइटिंग ट्रेनिंग में दिल्ली आए

हुए थे और शैलेंद्र को फिल्म निर्माण की प्रक्रिया तेजी से आगे बढ़ाने की जल्दी थी इसीलिए उन्होंने अपने साले संतोष ठाकुर को रेणु के पास दिल्ली भेज दिया। इस तरह से *तीसरी कसम* की पटकथा का एग्रीमेंट रेणु और शैलेंद्र की कंपनी 'इमेज मेकर्स' के बीच नवंबर के महीने में दिल्ली में हुआ।

इमेज मेकर्स प्रोडक्शन कंपनी के तीन हिस्सेदार थे। सबसे अधिक अर्थात 50 प्रतिशत हिस्सेदारी शैलेंद्र की थी, 25 प्रतिशत बासु भट्टाचार्य की और 25 प्रतिशत हिस्सा शैलेंद्र के साले संतोष ठाकुर का था। एग्रीमेंट तो साइन हो गया लेकिन रेणु ने बतौर साइनिंग अमाउंट पांच हजार रुपये की मांग रख दी लेकिन शैलेंद्र की तरफ से उन्हें पांच नहीं बल्कि दोगुनी राशि यानी दस हजार रुपये बतौर साइनिंग अमाउंट दिए गए। यहां शैलेंद्र की फिल्म निर्माण के प्रति गंभीरता, एग्रीमेंट के रूप में पारदर्शिता और लेखन के प्रति सम्मान साफ-साफ दिखाई पड़ता है। नवंबर में इस एग्रीमेंट के साइन होने के बाद शैलेंद्र ने रेणु को मुंबई बुलाया। रेणु दिसंबर में मुंबई पहुंचे जहां पर शैलेंद्र ने उनका तहे दिल से स्वागत किया और खूब मेहमाननवाज़ी की। इस पहली मुलाक़ात के बाद ही रेणु और शैलेंद्र की दोस्ती हो गई। यह दोस्ती आगे चलकर और गहरी होती गई।

तीसरी कसम का शुरुआती बजट ढाई से तीन लाख के बीच था इसीलिए इसको ब्लैक एंड वाइट में बनाने का निर्णय लिया गया और इसके बनने में लगने वाले समय का आकलन 6 से 8 महीने था। शैलेंद्र इसे बिहार के तराई क्षेत्र में फिल्माना चाहते थे लेकिन उस दौर में तराई के क्षेत्र में कानून-व्यवस्था उतनी दुरुस्त नहीं थी, डाकुओं का बोलबाला था। इस कारण, *तीसरी कसम* मध्यप्रदेश के बीना (इगतपुरी) और मुंबई के कमाल स्टूडियो में फिल्माई गई। फिल्म का आखिरी दृश्य जिसमें हिरामन रेलगाड़ी को जाते हुए देखता है, बोरिवली स्टेशन पर फिल्माया गया।

फिल्म की कास्टिंग हो गई थी। तकनीकी टीम बन चुकी थी। बजट तय हो चुका था लेकिन शैलेंद्र ने अपनी ससुराल झांसी के एक नाटक कलाकार को ज़मींदार की भूमिका देनी चाही। शायद इसी कारण एक ज़मींदार का किरदार तैयार किया गया। उस कलाकार को पहले ख़ूब रिहर्सल कराई गई फिर सेट पर ले जाया गया। पहला शॉट था हीराबाई के हाथों जमीदार को पान खिलाना। जमींदार को हीराबाई पान

ऑफर करती है जवाब में जमींदार हीराबाई से खुद पान खिलाने का आग्रह करता है। शॉट शुरू हुआ। सब कुछ ठीक-ठाक चला और डायरेक्टर ने 'कट' कहा। 'कट' सुनते ही ज़मींदार बने कलाकार ने हीराबाई यानी वहीदा रहमान की उंगली काट ली। फिर क्या था! हंगामा होना ही था। दरअसल, शूटिंग के समय डायरेक्टर के कट को उन्होंने काटना समझ लिया था! बाद में यह भूमिका इफ़तेखार ने निभाई!

तीसरी कसम की शूटिंग बीना और मुंबई में हुई लेकिन इसका मुहूर्त शॉट पूर्णिया, बिहार में संपन्न हुआ। शैलेंद्र, बासु भट्टाचार्य, बासु चटर्जी, बीआर इशारा, कैमरामैन सुब्रत मित्रा के साथ पूर्णिया में लगभग एक सप्ताह रुके और उस क्षेत्र की बारीकियों से परिचित होते हुए वहां के रहन-सहन, पहनावे, क्षेत्रीय विविधताओं के बहुत सारे चित्र लेकर मुंबई लौटे।

तीसरी कसम बनाने का फैसला शैलेंद्र ने लिया उस पर अलग-अलग राय हो सकती है लेकिन उनके बेटे दिनेश शंकर शैलेंद्र के अनुसारः

> उन्होंने ज़्यादा पैसा कमाने की सोचकर तो फिल्म नहीं बनाई थी। उनका बिहार के साथ एक कनेक्शन था जो टूट गया था और उन्होंने जब मारे गए गुलफाम पढ़ी तो उन्हें इसमें अपना एक कनेक्शन नजर आया। उसकी वजह से ही उन पर एक भूत सवार हो गया था कि यह फिल्म तो हम बनाएंगे जबकि बिजनेस के बारे में उन्हें एबीसी भी नहीं मालूम था।[2]

शुरू में इसका नाम *तीसरी कसम* नहीं था। फिल्म के लिए राज कपूर और वहीदा रहमान की जोड़ी पहली पसंद नहीं थी। यह जानकार आश्चर्य होता है कि शैलेंद्र राज कपूर के ख़ास थे और उस समय हिंदी फिल्म इंडस्ट्री में शीर्ष पर थे जिनकी एक ख़ास इमेज और अदा थी, फिर भी राज कपूर को लेकर शैलेंद्र फिल्म बनाना नहीं चाहते थे। शायद उन्हें राज कपूर में अपना हिरामन नजर नहीं आया होगा। उधर वहीदा रहमान के लिए भी यह फिल्म इमेज से हटकर थी। शैलेंद्र और बासु भट्टाचार्य की हिरामन के लिए पहली पसंद महमूद थे और हीराबाई के लिए उन्होंने सबसे पहले मीना कुमारी से

[2] लेखक की दिनेश शंकर शैलेंद्र से बातचीत, 18 नवंबर 2022।

बात की। मीना कुमारी हीराबाई बनने के लिए तैयार हो गईं लेकिन उनके पति कमाल अमरोही ने उन्हें मुंबई से बाहर जाकर शूटिंग करने की इजाज़त नहीं दी। दरअसल, शैलेंद्र और बासु भट्टाचार्य फिल्म का कुछ हिस्सा फणीश्वरनाथ रेणु के गांव जाकर फिल्माना चाहते थे, जिसके लिए मीना कुमारी को वहां जाना पड़ता लेकिन कमाल अमरोही ने मना कर दिया तो हीराबाई की खोज फिर से शुरू हो गई। इसके बाद, उनके मन में नूतन, सुचित्रा सेन और वैजयंती माला का नाम था।

महमूद और नूतन की जगह राज कपूर और वहीदा रहमान कैसे आए इसकी भी एक कहानी है। बकौल रिंकी रॉयः

> नूतन उस समय गर्भवती थीं। जिस कारण उन्होंने शैलेंद्र को ना कर दी। शैलेंद्र राज कपूर के आदमी थे। उन्होंने राज कपूर के लिए सर्वाधिक मशहूर गाने लिखे और लगभग रोज़ ही राज कपूर की कॉटेज में दोनों घंटों बैठते थे। एक दिन उनके मुंह से निकल गया कि वे एक फिल्म बनाने जा रहे हैं। राज कपूर तुरंत बोले – तुम फिल्म बना रहे हो! मुझे उम्मीद है कि तुम मुझे ले रहे हो। शैलेंद्र के पास कोई जवाब नहीं था। आख़िर फिल्म के बारे में बिना कुछ जाने राज जी राज़ी थे। फाइनेंसर राज कपूर को बतौर हीरो लेने के शैलेंद्र के निर्णय से ख़ुश नहीं थे।[3]

फाइनेंसरों के अनुसार राज इस भूमिका के लिए कुछ ज़्यादा ही उम्रदराज थे। बहरहाल शैलेंद्र ने तमाम दवाबों को झेलते हुए अपनी फिल्म की कास्टिंग लॉक कर दी। पटकथा लिखने के लिए नबेंदु घोष का नाम फाइनल हुआ। नबेंदु *खोज*, *सुजाता*, *बंदिनी* और *देवदास* जैसी फिल्मों की पटकथा लिख चुके थे और बिमल राय की टीम का हिस्सा थे। शैलेंद्र भी इस टीम का अभिन्न हिस्सा थे। ज़ाहिर है शैलेंद्र ने जब अपनी पहली हिंदी फिल्म बनाने का निर्णय लिया तो उसमें नबेंदु घोष का होना लाज़िमी था। शैलेंद्र और फणीश्वरनाथ रेणु साहित्यिक ही नहीं सामाजिक और राजनीतिक सोच के भी हमराही थे। उन्हें एक दूसरे पर पूरा भरोसा था। सबसे बड़ा भरोसा था अपने सपने

[3] रिंकी रॉय (निर्देशक बिमल रॉय की बेटी), दि हार्ट ब्रेकिंग सागा ऑफ तीसरी कसम, सुमंत बत्रा, *सिनेमाज़ी*, 28 अप्रैल 2020।

तीसरी कसम में राज कपूर और वहीदा रहमान।

और अपनी सोच पर! और फिल्म की कहानी के साथ न्याय करने के लिए रेणु से अच्छा कोई संवाद लेखक हो ही नहीं सकता था। इसीलिए शैलेंद्र ने रेणु से ही *तीसरी कसम* के संवाद लिखने का अनुरोध किया।

फिल्म की सिनेमैटोग्राफी के लिए मशहूर सिनेमैटोग्राफर सुब्रत मित्रा को लिया गया। सुब्रत मित्रा *पाथेर पांचाली*, *अपराजितो* और *अप्पू त्रयी* से ख़ासी प्रसिद्धि बटोर चुके थे और सत्यजीत रे की सोच और अभिव्यक्ति को कैमरे के ज़रिए पर्दे पर उतारने वाले सिनेमैटोग्राफर माने जाते थे। शैलेंद्र ने सिनेमैटोग्राफी से कोई भी समझौता नहीं करने की सोच के साथ ही सुब्रत मित्रा को जोड़ा।

तीसरी कसम की कहानी एक भोले-भाले ग्रामीण गाड़ीवान और एक नौटंकी कंपनी में काम करने वाली नर्तकी के इर्द-गिर्द घूमती है जिसमें फिल्म का एक बड़ा हिस्सा उसके गीतों और नृत्य पर टिका हुआ है। इस बात को ध्यान में रखते हुए शैलेंद्र ने लच्छू महाराज को साइन किया।

शीर्ष कलाकारों, शीर्ष लेखकों (कथा-पटकथा और संवाद), सिनेमैटोग्राफर,

कोरियोग्राफर के बाद आर्ट डायरेक्टर की बारी थी तो दिलीप कुमार-वैजयंतीमाला की *गंगा जमना* में असोशिएट आर्ट डायरेक्टर रहे देश मुखर्जी याद आए। गीत-संगीत के लिए तो चौकड़ी मौजूद थी ही। चौकड़ी यानी शैलेंद्र-हसरत, शंकर-जयकिशन! यहां एक बात का ज़िक्र ज़रूरी लगता है कि उस दौर के हिंदी सिनेमा में जोड़ियां बहुत मशहूर थीं और राज कपूर-शैलेंद्र, शंकर-जयकिशन के साथ गीतकार हसरत जयपुरी की चौकड़ी का कोई सानी नहीं था। किसी भी फिल्म की सफलता की गारंटी मानी जाती थी ये चौकड़ी! *तीसरी कसम* क्योंकि स्वयं शैलेंद्र बना रहे थे तो उसमें किसी और गीतकार की जरूरत ही नहीं थी लेकिन *तीसरी कसम* में हसरत जयपुरी बतौर गीतकार मौजूद हैं। मौजूद ही नहीं हैं बल्कि अपने फिल्म करियर के सबसे उच्च पायदान पर नजर आते हैं। शैलेंद्र की जगह कोई भी होता तो फिल्म में हसरत जयपुरी नहीं होते। और हसरत जयपुरी नहीं होते तो 'दुनिया बनाने वाले क्या तेरे मन में समाई, तूने काहे को दुनिया बनाई' जैसा गीत नहीं होता। क्या इस गीत के बिना *तीसरी कसम* संपूर्ण कलाकृति बन पाती? लोक संस्कृति, प्रेम और मानवीय संवेदनाओं का शाहकार देखने को मिलता? क्या हिरामन हीराबाई को महुआ घटवारिन की कथा सुना पाता! बिल्कुल नहीं।

असल में शैलेंद्र दोस्तों के दोस्त थे। वे अपने समकक्ष को पूरी क्रिएटिव लिबर्टी ही नहीं बल्कि मान्यता भी देते थे। हसरत जयपुरी के साथ उनके फिल्मी रिश्ते ही नहीं बल्कि असल दोस्त वाले रिश्ते थे। शैलेंद्र अपने दोस्तों को दिल में ही जगह नहीं देते थे बल्कि दुनिया के सामने भी वे अपने दोस्तों के लिए सब कुछ करने के लिए तैयार रहते थे भले ही इसके लिए उन्हें ख़ुद से कई समझौता करना पड़े।

तीसरी कसम के पोस्टर पर जब क्रेडिट लिखे जाने लगे तो पोस्टर बनाने वालों ने कहा कि फिल्म के लेखक का नाम बहुत लंबा है। इसको शॉर्ट में फणीश्वरनाथ रेणु की जगह एफएन रेणु लिख दिया जाए लेकिन शैलेंद्र ने ऐसा करने से मना कर दिया और उसकी जगह अपने नाम शंकर शैलेंद्र को सिर्फ शैलेंद्र लिखने के लिए कह दिया।

फिल्म बनते-बनते इतनी घटनाएं-दुर्घटनाएं घटित हो चुकी थीं कि इसे पूरा करना मुश्किल हो गया। फिल्म के शीर्ष कलाकारों से लेकर डायरेक्टर, स्क्रिप्ट राइटर, फाइनेंसर और डिस्ट्रीब्यूटर सबने अपने-अपने तरीक़े से *तीसरी कसम* को शैलेंद्र के

लिए एक रुलाने वाला सपना बना दिया। इससे बड़ा दुर्भाग्य किसी फिल्म के प्रोड्यूसर के लिए क्या हो सकता है कि वह अपनी ही फिल्म के प्रीमियर में शामिल ना हो सके। फिल्म जैसे-तैसे कुछेक सिनेमाघरों में रिलीज तो हो गई लेकिन तीसरे दिन ही उसे थियेटरों से उतारना पड़ा।

शैलेंद्र ने सपने में भी नहीं सोचा था कि परदे पर एक मासूम, निश्चल, सहज और सादगीभरी प्रेम कहानी को दर्शक इस तरह ठुकरा देंगे बल्कि उस शैलेंद्र को भी जिसके गानों पर यही दर्शक, यही दुनिया झूमती थी। उन्हें अपने चाहने वालों पर पूरा यक़ीन था। उस पब्लिक पर यक़ीन था कि वह *तीसरी कसम* को जरूर पसंद करेगी। लेकिन अपनों के साथ-साथ पब्लिक ने भी शैलेंद्र का दिल तोड़कर रख दिया।

तीसरी कसम की असफलता से शैलेंद्र के दिल पर जो गहरे जख़्म हुए वह पब्लिक से ज्यादा अपने संगी-साथियों की वजह से और हरे हो गए! जिनके लिए शैलेंद्र ने अपना सब कुछ हमेशा दांव पर लगाकर रखा। उन्हें फिल्म पर नाज़ था और इस बात पर भी कि फिल्म उन्होंने उसी शर्त पर, उसी अंदाज़ में बनायी है जैसे वह चाहते थे।

इस बारे में दिनेश शंकर शैलेंद्र बताते हैं:

आमतौर पर लोग बोलते हैं कि फाइनेंशियल लॉस की वजह से उनकी जान गई, यह ग़लत है। हमारी सिस्टर ने एक बार बोला था जो हमको बहुत ही सही लगता है कि 'इट वाज नॉट ए इन्वेस्टमेंट ऑफ मनी दैट वेंट रॉन्ग, इट वाज ए इन्वेस्टमेंट इन पीपल'। उनके दोस्तों ने, जिनको वह ख़ास समझते थे, काफ़ी सालों से साथ में काम किया था, लेकिन जब उन्होंने धोखा देना शुरू कर दिया, उन्होंने इंसिस्ट करना शुरू कर दिया कि पहले हमारे पैसे दीजिए फिर हम काम करेंगे। अब हम इस समय नाम तो लेना नहीं चाहते, जो बहुत ही नज़दीकी लोग थे, *तीसरी कसम* से जुड़े हुए लोग और जो उनके साथ शुरू से जुड़े हुए लोग। और एक चीज है, देखिए, कि अपने काम के लिए पैसे मांगना कोई बुरी बात नहीं है। जब हम भी काम करते हैं और हमको पैसे नहीं मिलते हैं तो हमको भी अच्छा नहीं लगता। इसमें कोई बुरी बात नहीं है परंतु प्रॉब्लम यह है कि जो हमने देखा है कि जैसे इतने साल बीत गए हैं जो इस फिल्म में इन्वॉल्व थे वे सारे ही लोग गुज़र गए हैं। अब ऐसे में जो बच जाता है ना वह अपने आप को हीरो प्रोजेक्ट करने की कोशिश करता है।[4]

तीसरी कसम की असफलता के बाद शैलेंद्र बीमार पड़ गए। इस दौरान उन्होंने रेणु को एक चिट्ठी लिखी –

सब छोड़ गए मेरे दोस्त! एकदम अकेला हूं भाई। फिल्म तो रिलीज हो गई। अब रोऊं या ख़ुश होऊं, समझ में नहीं आता। हां, कह सकता हूं कि *तीसरी कसम* पर मुझे हमेशा नाज़ रहेगा पछतावा नहीं। मगर यह तो देखो, मुझे अपनी ही फिल्म का प्रीमियर देखना तक नसीब ना हुआ।

ऐसा क्या हुआ कि शैलेंद्र को यह सब अपने दोस्त को लिखना पड़ा? यह शैलेंद्र

[4] लेखक की दिनेश शंकर शैलेंद्र से बातचीत, 18 नवंबर 2022।

की विडंबना ही थी कि सितंबर 1966 में *तीसरी कसम* का जब दिल्ली में प्रीमियर हुआ तो वे अपनी ही फिल्म के प्रीमियर में शामिल नहीं हो सके क्योंकि फाइनेंसर कोर्ट में जा चुका था और उसने वहां से शैलेंद्र की गिरफ़्तारी का वारंट निकलवा लिया। गिरफ़्तार होने की आशंका से शैलेंद्र प्रीमियर में शामिल होने दिल्ली नहीं आए। दिल्ली के 'गोलचा' सिनेमा में *तीसरी कसम* का प्रीमियर हुआ जिसमें राज कपूर आए।

दरअसल, *तीसरी कसम* की असफलता, उसके बाद शैलेंद्र का टूट जाने और टूटे हुए ख्वाबों और टूटे हुए दिल से दुनिया से विदा होने के पीछे एक नहीं कई कारण माने जाते हैं। पहला तो यह कि फिल्म का शुरुआती बजट ढाई से तीन लाख था जो फिल्म पूरी होते-होते 22-23 लाख पहुंच गया। दूसरा, फिल्म छह से आठ महीने में पूरी हो जानी थी जिसे पूरी होने में पांच साल लगे। पांच सालों में फिल्मी दुनिया का दौर बदल चुका था। बॉक्स ऑफिस और बाज़ार के कई नए नियम गढ़े जा चुके थे। फाइनेंसर, डिस्ट्रीब्यूटर और सिनेमा मालिकों का एक बड़ा गठजोड़ बन चुका था। इस गठजोड़ ने शैलेंद्र पर तमाम दवाब बनाए।

फिल्म को पूरा होने में पांच साल क्यों लगे, इसके लिए भी किसी एक को जिम्मेदार नहीं ठहराया जा सकता बल्कि शैलेंद्र ने जिन लोगों पर भरोसा कर *तीसरी कसम* शुरू की उन्होंने अपने-अपने वैयक्तिक और व्यावसायिक हितों की ख़ातिर फिल्म को लटकाया। इसमें राज कपूर, बासु भट्टाचार्य, शंकर-जयकिशन, फाइनेंसर और वितरक सभी शामिल रहे। ऐसा कई जगह लिखा गया है कि उसी वक़्त राज कपूर अपने बैनर तले *संगम* भी बना रहे थे जो पहली रंगीन फिल्म बनने जा रही थी। इसे राज कपूर *तीसरी कसम* से पहले रिलीज करना चाहते थे। *तीसरी कसम* ब्लैक एंड व्हाइट थी इसलिए राज कपूर का सारा ध्यान *संगम* पर था। *संगम* की डेट के चलते *तीसरी कसम* राज कपूर की प्राथमिकता से निकल गई जिसकी वजह से फिल्म की शूटिंग लटकती चली गई।

एक बात और, राज कपूर बासु भट्टाचार्य को पसंद नहीं करते थे। दोनों में कभी टयूनिंग नहीं बनी। यहां तक कि शैलेंद्र की फिल्म होने के बावजूद, राज कपूर बासु को तंग करने के लिए शूटिंग पर देर से पहुंचते थे। बासु को राज कपूर में कभी हिरामन नजर ही नहीं आया तो राज कपूर ने *तीसरी कसम* की असफलता का सारा दोष बासु

पर ही लगायाः 'Basu is a pseudo, and I didn't like the film. He was risking somebody else's money. What did he have to lose.'[5]

तीसरी कसम पूरी करने में जिनका सबसे बड़ा योगदान है, वह है बीआर इशारा और सुब्रत मित्रा!

दिनेश शंकर शैलेंद्र के मुताबिक बीआर इशारा ने उन्हें बताया कि बासु भट्टाचार्य बोलने में बहुत अच्छे थे। उनकी स्टाइल से हर कोई प्रभावित हो जाता था। दिनेश शंकर के शब्दों मेंः

> जब पहली बार बाबा बासु भट्टाचार्य को ले गए राज साहब के पास मिलवाने, कि यह हमारे डायरेक्टर हैं। राज साहब की कॉटेज में बैठकर मुलाकात हुई। राज साहब ने बाबा को कहा कि दो मिनट बाहर निकलो, बाहर निकल कर गए, गले लग गए कि तुमने एक जीनियस को डिस्कवर किया है, ऐसा वह सोचते थे बासु भट्टाचार्य के बारे में। और वही राज कपूर, वही शैलेंद्र, वही बासु भट्टाचार्य मतलब पहले दिन की शूटिंग के बाद, राज साहब की पहले दिन जो शूटिंग हुई, उसके बाद बाबा राज साहब से मिले तो राज साहब एक साइड में ले गए और बोले कि भैया तुम संभाल लो, तुम्हारे डायरेक्टर को तो डायरेक्शन की एबीसी नहीं मालूम। तो यह हो गया था, सबसे बड़ी ग़लती तो यह थी। लेकिन बाबा और किस्म के इंसान थे। उन्होंने सोचा कि अगर वह निकाल देंगे तो इस आदमी का तो कैरियर ही ख़त्म हो जाएगा।[6]

तीसरी कसम की प्रोडक्शन यूनिट से लेकर बासु भट्टाचार्य के सहायकों तक ने बाद में कहा कि बासु भट्टाचार्य को उस समय निर्देशन नहीं आता था। यहां तक कि वे सेट पर भी बिना तैयारी के ही आ जाते थे। वे जो भी शॉट समझाते थे वह सभी शॉट कैमरामैन की समझ से बाहर होते थे। उनकी राज कपूर से भी नहीं बनती थी।

इन सब बातों का भी विपरीत प्रभाव पड़ा। शूटिंग में राज कपूर ही देर से नहीं

[5] राज कपूरः सेक्स ऐज एन आर्ट फॉर्म – *इंडिया टुडे*, 15 नवंबर 1977।

[6] लेखक की दिनेश शंकर शैलेंद्र से बातचीत, 18 नवंबर 2022।

महबूब ख़ान, बासु भट्टाचार्य, शैलेंद्र और दिलीप कुमार।

आते बल्कि बासु स्वयं भी सेट पर देर से पहुंचते थे। कई बार पहुंचते ही नहीं थे। जो देरी हुई उसका सबसे बड़ा कारण बासु भट्टाचार्य भी थे। उधर शैलेंद्र, बासु को किसी भी कीमत पर छोड़ना नहीं चाहते थे। राज कपूर से लेकर *तीसरी कसम* की टीम के कई सदस्यों ने शैलेंद्र को कई बार इशारा किया लेकिन शैलेंद्र बासु भट्टाचार्य को अलग नहीं कर सके। हालांकि तीसरी कसम जब पूरी हुई और रिलीज हुई तो उसमें बतौर निर्देशन क्रेडिट बासु भट्टाचार्य को ही मिला।

आज भी इस फिल्म की जितनी भी तारीफ़ होती है उसमें शैलेंद्र के बाद सबसे बड़ा हिस्सा बासु भट्टाचार्य के खाते में जाता है जबकि पूरी फिल्म इंडस्ट्री जानती है कि बासु भट्टाचार्य की वजह से फिल्म लेट हुई और उनके अलग होने के बाद राज कपूर और मुकेश ने फिल्म को जैसे-तैसे पूरा किया। यहां तक कि फिल्म का संपादन राज कपूर ने अपने स्टूडियो में ख़ुद किया।

राज कपूर फिल्म को व्यावसायिक नज़रिए से देख रहे थे और चाहते थे कि फिल्म का सुखद अंत हो। इसके लिए उन्होंने अपनी फिल्म *आग* का हवाला भी दिया। राज

कपूर शैलेंद्र को समझाते रहे कि फिल्म का अंत बदल दो लेकिन शैलेंद्र नहीं माने। शैलेंद्र के साथ-साथ रेणु भी नहीं माने, यहां तक फाइनेंसर और वितरकों ने अपने हाथ खींच लिए।

राज कपूर नाराज़ हो गए तो शैलेंद्र नबेंदु घोष और रेणु को लेकर राज कपूर से मिलने उनके घर तक गए। शैलेंद्र पर चौतरफ़ा दबाव इस कदर बढ़ा कि उन्होंने रेणु के ऊपर सारी बात डाल दी कि अगर रेणु चाहे तो फिल्म का अंत बदला जा सकता है। हालांकि रेणु ने शैलेंद्र का साथ दिया और यहां तक कहा कि अगर फिल्म का अंत बदला गया तो फिल्म के क्रेडिट से उनका नाम निकाल दिया जाए। इन सब घटनाओं का असर फिल्म पर पड़ा। बजट बढ़ चुका था, डेट्स की प्रॉब्लम थी। *तीसरी कसम* की टीम में शामिल उनके दोस्तों ने भी अपना-अपना मेहनताना मांगना शुरू कर दिया था।

राज कपूर की डेट्स, बासु भट्टाचार्य का फिल्म में समय-समय पर गायब हो जाना, वितरकों का हाथ खींचना और उसके प्रचार-प्रसार का बिल्कुल भी ना होना *तीसरी कसम* का दुर्भाग्य बने। *तीसरी कसम* बासु भट्टाचार्य की पहली फिल्म थी। उससे पहले वह बिमल रॉय की फिल्मों में सहायक निर्देशक थे। उन्हीं बिमल रॉय के ख़ास गीतकार थे शैलेंद्र! जब शैलेंद्र ने बासु भट्टाचार्य को बतौर निर्देशक साइन किया तब तक सब कुछ ठीक-ठाक था लेकिन आगे चलकर बासु भट्टाचार्य बिमल रॉय की बेटी रिंकी रॉय से आंख लड़ा बैठे।

इश्क परवान चढ़ता गया और एक दिन बासु भट्टाचार्य शूटिंग छोड़कर गायब हो गए। पता चला कि रिंकी रॉय को लेकर शादी करने गए हैं। इससे बिमल रॉय और शैलेंद्र के बीच में कुछ तो दूरियां बनी होंगी क्योंकि बिमल रॉय बासु भट्टाचार्य को बिल्कुल भी पसंद नहीं करते थे ख़ासकर तब जब उन्हें अपनी बेटी के साथ उनके संबंधों का पता चला। ऐसे में बिमल रॉय के वितरकों और फाइनेंसरों ने भी *तीसरी कसम* से हाथ खींच लिए जिसका दुख शैलेंद्र को ताजिंदगी रहा।

शूटिंग के बीच में ही फिल्म के कथाकार और संवाद लेखक फणीश्वरनाथ रेणु बीमार पड़ गए जिसके चलते वे अपने गांव चले गए। हालांकि रेणु ने *तीसरी कसम* के लिए अपनी आकाशवाणी की नौकरी भी छोड़ दी थी लेकिन उनकी बीमारी के चलते भी फिल्म लटक गई। उधर रेणु गांव में रहते हुए भी शैलेंद्र से पैसे मांगते रहे

फणीश्वरनाथ रेणु।

और शैलेंद्र रेणु को पैसे भेजते रहे। बिना पैसों के काम आगे बढ़ नहीं रहा था लिहाजा शैलेंद्र को अपना बंगला 'रिमझिम' गिरवी रखना पड़ा। शैलेंद्र की मौत के दो दिन बाद उनके बंगले की हर चीज़ को कुर्क करने का आदेश अदालत से आया। यह आदेश एक फाइनेंसर ने लिया था। शैलेंद्र की पत्नी परेशान थीं। जीवन का सबसे बड़ा दुख झेलने की भरसक कोशिश के बीच यह नई विपदा आ गई थी। उनकी समझ में नहीं आया क्या करें। तभी मुकेश घर आए और बताया कि चिंता की कोई बात नहीं है। जितना पैसा था वह मैंने चुका दिया है। हां मैं कोई अहसान नहीं कर रहा। उनकी कंपनी 'मुकेश एंड संस' ने *तीसरी कसम* के मुंबई में प्रदर्शन के अधिकार लिए हैं। इस तरह *तीसरी कसम* मुंबई में प्रदर्शित हो सकी! और शैलेंद्र का प्रिय बंगला 'रिमझिम' बच गया।

तीसरी कसम भारतीय सिनेमा के इतिहास की एक क्लासिक है। इसे पर्दे पर उतारी गई एक अमर प्रेम कविता कहा जाता है बल्कि इसे प्रेम का महाकाव्य कहा जाए तो अतिशयोक्ति नहीं होगी क्योंकि इसमें महाकाव्य के सारे तत्त्व समाहित हैं।

फणीश्वरनाथ रेणु की कहानी 'तीसरी कसम, अर्थात मारे गए गुलफ़ाम' के कुछ अंश:

पिछले बीस साल से गाड़ी हांकता है हिरामन। बैलगाड़ी। सीमा के उस पार मोरंग, राज नेपाल से धान और लकड़ी ढो चुका है। कंट्रोल के जमाने में चोर-बाजारी का माल इस पार से उस पार पहुंचाया है। ... दो कसमें खाई हैं उसने। एक – चोरबाजारी का माल नहीं खरीदेंगे। दूसरी – बांस। अपने हर भाड़ेदार से वह पहले ही पूछ लेता है – चोरी-चकारी वाली चीज तो नहीं? और बांस? बांस लादने के लिए पचास रुपये भी दे कोई, हिरामन की गाड़ी नहीं मिलेगी ... और, इस बार यह जनानी सवारी। औरत है या चंपा का फूल! जब से गाड़ी में बैठी है, गाड़ी मह-मह महक रही है।

हिरामन को सब कुछ रहस्यमय अजगुत-अजगुत लग रहा है। सामने चंपानगर से सिंधिया गांव तक फैला हुआ मैदान! ... कहीं डाकिन-पिशाचिन तो नहीं ? हिरामन की सवारी ने करवट ली। चांदनी पूरे मुखड़े पर पड़ी तो हिरामन चीखते-चीखते रुक गया – अरे बाप! ई तो परी है! परी की आंखें खुल गईं। हिरामन ने सामने सड़क की ओर मुंह कर लिया और बैलों को टिटकारी दी। वह जीभ को तालू से सटाकर टि टि टि आवाज निकालता है। हिरामन की जीभ न जाने कब से सूख कर लकड़ी जैसी हो गई थी।

– भैया, तुम्हारा नाम क्या है ?

हू-ब-हू फेनूगिलास! ...

हिरामन के रोम-रोम बज उठे। मुंह से बोली नहीं निकली। उसके दोनों बैल भी कान खड़े करके इस बोली को परखते हैं।

– मेरा नाम ? ... नाम मेरा है, हिरामन! उसकी सवारी मुस्कुराती है ... मुस्कुराहट में खुशबू है।

– तब तो मीता कहूंगी, भैया नहीं – मेरा नाम भी हीरा है।

– इस्स! हिरामन को परतीत नहीं, मर्द और औरत के नाम में फर्क होता है।

– हां जी, मेरा नाम भी हीराबाई है।

कहां हिरामन और कहां हीराबाई, बहुत फ़र्क है!

** * **

गाड़ी ने सीटी दी। हिरामन को लगा, उसके अंदर से कोई आवाज़ निकलकर सीटी के साथ ऊपर की ओर चली गई … हीराबाई साफी हिलाकर इशारा करती है – अब जाओ। … आखिरी डब्बा गुजरा, प्लेटफ़ॉर्म खाली … सब खाली … खोखले … मालगाड़ी के डब्बे! दुनिया ही खाली हो गयी मानो। हिरामन अपनी गाड़ी के पास लौट आया।

उसने उलटकर देखा, बोरे भी नहीं, बांस भी नहीं, बाघ भी नहीं … परी … देवी … मीता … हीरादेवी … महुआ घटवारिन – कोई नहीं। मरे हुए मुहूर्तों की गूंगी आवाज़ें मुखर होना चाहती हैं। हिरामन के होठ हिल रहे हैं। शायद वह तीसरी कसम खा रहा है – कंपनी की औरत की लदनी … '![7]

इस कहानी को पढ़कर किसका कलेजा नहीं बैठेगा। शैलेंद्र का भी बैठा होगा। तभी तो उन्होंने हिरामन और हीराबाई की अजगुत अनकही-अनदेखी प्रेम कथा को संगीतमय बना बड़े परदे पर उतारने का निश्चय लिया होगा!

यह कहानी सर्वप्रथम पटना से प्रकाशित त्रैमासिक पत्रिका *अपरम्परा* में छपी। यह 1959 का वर्ष था। साहित्यिक जगत में कहानी को हाथों-हाथ लिया गया। एक वर्ष के भीतर इस कहानी के कई भारतीय भाषाओं में अनुवाद हो चुके थे। यही नहीं, आकाशवाणी से इसका नाट्य-रूपांतर भी प्रसारित हुआ।

'रेणु ने हिरामन महतो से वादा किया था कि उस पर एक कहानी लिखेंगे। इस क्रम में उन्होंने हिरामन और सिहतु के व्यक्तित्व को जोड़कर वह कहानी लिखी, जो सदियों तक पढ़ी जानी थी। देखते ही देखते सभ्यता का विकास इतना होता गया कि गांव में हल-बैल, बैलगाड़ी का प्रचलन ही बंद हो गया। ट्रैक्टर चलाने वाले आ गए। लेकिन यह कहानी लुप्त नहीं हुई। इसकी साहित्यिक गरिमा और संवेदनशीलता

[7] फणीश्वरनाथ रेणु: चुनी हुई रचनाएं, तीसरी कसम अर्थात मारे गए गुलफाम, संपादक – भारत यायावर, पृष्ठ 79-106।

बरकरार रही। अब वैसी कसम कौन खाता है? लोग मिलते हैं, दिल मिलते हैं, "लिव इन" में रहते हैं। तरह-तरह के संबंध होते हैं, लेकिन गुलफाम कहां मिलते हैं? रेणु ने सिहतु के जीवंत चरित्र में हिरामन महतो की बातों को मिलाकर अपनी जीवन-यात्रा के प्रेम-प्रसंगों को समाहित कर इस अद्भुत कहानी की रचना की है'।[8]

रेणु की ससुराल हजारीबाग के कोर्रा मुहल्ले में थी, जहां जबरा गांव का हिरामन महतो फूल-पौधों की देखभाल करता था। वह कटी हुई बांह की कमीज पर बंडी, कंधे पर गमछा और घुटनों तक धोती पहनता था। यही वेशभूषा राज कपूर की यानी तीसरी कसम के हिरामन की है! झूठ न बोलना, चोरी न करना और पराई नारी को बुरी नजर से न देखने की तीनों कसमें और 'इस्स' कहना रेणु ने इसी हिरामन महतो से जाना। पराई नारी को बुरी नजर से न देखने की कसम उनके गांव का सिहतु भी खाता था। सिहतु बैलगाड़ी से सामान ढोता था और बड़ा भोला था जो परेशानी में कसमें खाता था।

तीसरी कसम का हिरामन भी ठेठ गंवई अंदाज़ वाला है, जिसका मन निर्मल है, छल-कपट से उसका दूर-दूर तक नाता नहीं। हां, हंसने-गाने और हंसी-मज़ाक में पीछे नहीं रहता बल्कि ह्यूमर उसमें खूब है। उसने सपने में भी नहीं सोचा होगा कि उसकी बैलगाड़ी में बैठी हीराबाई उसे मीता मान लेगी। उसे इस बात से कोई फ़र्क नहीं पड़ता कि हीराबाई एक नौटंकी कंपनी में नाचने-गाने वाली है। वह उसकी उतनी ही इज़्ज़त करता है जितनी एक औरत की करनी चाहिए बल्कि उससे भी अधिक, इतनी अधिक कि उसके लिए अपने ही संगी-साथियों से भिड़ जाता है। लेकिन अंत में, उसका दिल टूट जाता है।

रेलवे स्टेशन से गढ़बनैली के मेले तक उसे एक सवारी अपनी टप्परगाड़ी से ढोनी है। पच्चीस कोस का भाड़ा पच्चीस रुपये माँगता है हिरामन। टप्परगाड़ी आगे बढ़ती है और यहीं से हिरामन और हीराबाई की दास्तान शुरू होती है। बीच में महुआ घटवारिन की कथा सुनाता है हिरामन। दर्शकों को समझते देर नहीं लगती कि यह हीराबाई पर भी उतनी ही फिट बैठती है। महुआ घटवारिन दर्शकों को भी अपने साथ कर लेती है।

[8] भारत यायावर, रेणु एक जीवनी, खंड दो, सेतु प्रकाशन, दिल्ली।

महुआ घटवारिन की कथा 'दुनिया बनाने वाले क्या तेरे मन में समाई, तूने काहे को दुनिया बनाई..' गीत के सहारे आगे बढ़ती है। फिल्म में दस गाने हैं। सभी गाने फिल्म की जान हैं और फिल्म की कथा को आगे बढ़ाने वाले हैं। 'सजन रे जूठ मत बोलो खुदा के पास जाना है, ना हाथी है ना घोड़ा है वहां पैदल ही जाना है, सजन रे झूठ मत बोलो', 'सजनवा बैरी हो गए हमार', 'लाली लाली डोलिया में लाली रे दुल्हनिया', 'चलत मुसाफिर मोह लियो रे पिंजरे वाली मुनिया', 'आ आ भी जा रात ढलने लगी चांद छुपने चला', 'पान खाए सैयां हमारो, सांवली सूरतिया होंठ लाल लाल', 'हाय गजब कहीं तारा टूटा लूटा रे लूटा हाय सैयां ने लूटा', और 'किस्सा होता है शुरू पाक इश्क रंगून, नाम अमीर दमिश्क के थे एक तख्त नशीन। *तीसरी कसम* का हर गीत हीरा है, हर गीत की एक दास्तान है। कोई ऐसा गीत नहीं जिसको पसंद न किया गया हो। 'सजन रे झूठ मत बोलो' और 'दुनिया बनाने वाले क्या तेरे मन में समाई' ये तो अमर गीत हैं।

शैलेंद्र को *तीसरी कसम* के गीत-संगीत पर पूरा भरोसा था और दर्शकों पर भी लेकिन *तीसरी कसम* और दर्शकों के बीच में पांच वर्षों तक ऐसी अनचाही दुर्घटनाएं होती रहीं जिन्हें शैलेंद्र ने फिल्म जगत की सामान्य बातें कहकर टाल दिया होगा मगर उनके साथ जो हो रहा था, वह सामान्य नहीं था। अगर सामान्य होता तो उनका दिल नहीं टूटता, वह मायूस नहीं होते, उनके अपनों ने जो भरोसा तोड़ा उसका असर शैलेंद्र के नाज़ुक मन पर पड़ा और वह अंदर तक टूट गए। इतने अंदर तक कि वे अपने घर के एक कोने में सिमट गए। फिल्म नहीं चली उससे भी अधिक मलाल उन्हें इस बात का रहा कि जिन्हें अपना समझते थे वे दरअसल अपने नहीं थे।

एक बार भरोसा टूटा तो फिर जुड़ नहीं सका। शब्द शैलेंद्र का साथ छोड़ने लगे और उन्होंने गीत लिखना कम कर दिया। इस दौरान, शैलेंद्र ने जो गीत लिखे उनके मुखड़ों पर एक नजर डालते हैं – *संगम* का यह गीत – 'दोस्त दोस्त ना रहा प्यार प्यार ना रहा, जिंदगी हमें तेरा ऐतबार ना रहा', *गाइड* का यह गीत – 'तूने तो सबको राह बताई तू अपनी मंजिल क्यों भूला', *तीसरी कसम* का ही यह गीत – 'सजन रे झूठ मत बोलो खुदा के पास जाना है, ना हाथी है ना घोड़ा है वहां पैदल ही जाना है।' ये

गीत शायद उन्होंने अपने ही लोगों के लिए लिखे थे, जिनसे उन्हें धोखा मिला। और शैलेंद्र का यह आख़िरी गीत – 'रुला के गया सपना मेरा, बैठी हूं कब हो सवेरा ... ।' *ज्वेल थीफ* के इस गीत में शैलेंद्र ने अपने आख़िरी समय के मानसिक, आर्थिक और शारीरिक द्वंद्व को शब्दों के ज़रिए व्यक्त किया है।

ज्वेल थीफ के लिए विजय आनंद सारे गीत शैलेंद्र से लिखवाना चाहते थे लेकिन शैलेंद्र अब वह शैलेंद्र नहीं रह गए थे। विजय आनंद रोज उनके घर आते थे लेकिन शैलेंद्र अपने कमरे में छुप जाते थे और बच्चों से बुलवा देते थे कि बाबा घर पर नहीं हैं। एक दिन विजय पैदल ही चलकर उनके घर तक गए तो शैलेंद्र से मुलाकात हो गई। उनकी ज़िद पर शैलेंद्र ने *ज्वेल थीफ* के लिए जो गाना लिखा वह उनका आख़िरी गाना था। इस गाने को सुनकर लगेगा कि यह शैलेंद्र ने अपने लिए ही लिखा है। विजय आनंद उनसे किस कदर प्रभावित थे, यह उनकी इस टिप्पणी से पता चलता है:

> वह महान गीतकार थे, शब्दों के जादूगर थे। वह मेरी पहली पसंद थे। यदि वह ज़िंदा रहते तो हमारी अगली सभी फिल्मों में वही गीत लिखते। उनके गीत फिल्म की आत्मा बन जाते थे। उनके गीतों से फिल्म में चार चांद लग जाते थे। गाइड की सफलता में शैलेंद्र जी के गीतों का भी बहुत बड़ा हाथ है।[9]

फणीश्वरनाथ रेणु को शैलेंद्र की असामयिक मृत्यु से बहुत बड़ा झटका लगा। रेणु और शैलेंद्र की दोस्ती जग-जाहिर थी। वे जब भी मिलते तो गले लगकर बहुत देर तक रोते रहते थे। बॉम्बे में कुछ ख़ास जगहें थीं, वहीं पर वे मिलते थे। घर में भी घंटों-घंटों सुख-दुख की बातें होती रहती थीं। *तीसरी कसम* में एक कव्वाली है उसे अक्सर वे दोनों ही एक साथ गाते थे – 'अरे तेरी बांकी अदा पर मैं ख़ुद हूं फ़िदा ... तेरी चाहत का दिलवर बयां क्या करूं। यही ख़्वाहिश है कि तू मुझको देखा करे और दिलों जान मैं तुझको देखा करूं। (उत्तर प्रदेश और बिहार के ग्रामीण अंचल में 60 और 70 के दशक में होंने वाली स्वांग और नौटंकियां में यह कव्वाली होती ही होती थी। यहां तक

[9] शैलेंद्र सदी के महान गीतकार – विजय आनंद, धरती कहे पुकार के ... गीतकार शैलेंद्र, संपादक: इंद्रजीत सिंह, पृष्ठ 143।

कि इस कव्वाली के बिना कोई स्वांग या नौटंकी पूरी नहीं होती थी। मुझे याद है जब हम स्वांग देखने जाते थे तो नगाड़े पर इस कव्वाली की पेशकश से मन मस्त हो जाता था, रोम-रोम सिहर जाता था)।

रेणु तो आंचलिकता के गुरुवर हैं, उनका तो पूरा साहित्य ही इन विशेषताओं से भरा है। तीसरी कसम में आंचलिकता दृश्य दर दृश्य है। '*तीसरी कसम* शैलेंद्र के कवि हृदय की मुक्ति है। अपने सृजनशील कवि व्यक्तित्व की, संपूर्णता में अभिव्यक्ति की कोशिश है। उस माध्यम के द्वारा जिसे उन्होंने आड़े मन से ही अपनाया था, लेकिन जिसमें अपनी पूरी प्रतिभा समर्पित कर दी थी।'[10]

'सब भाग गए – अपने-पराए, दोस्त-यार! यहां तक कि *तीसरी कसम* को पूरा करने का श्रेय शायद मुझे अकेले को मिले। रोऊं या खुश होऊं – कुछ समझ में नहीं आता। पर तीसरी कसम पर मुझे नाज रहेगा, पछतावा नहीं'। (रेणु को लिखी एक चिठ्ठी में शैलेंद्र ने अपना दर्द जाहिर किया था।)

जिसकी याद ,ज़िंदगी भर आती रहेगी
जब जब कहीं कोई 'सजनवा बैरी' गाएगा
अथवा – 'सजन रे झूठ मत बोलो'
उसकी मुस्कुराती छवि 'फेड इन' होगी
और मैं पूछूंगा-पूछता रहूंगा उससे –
'क्यों जीवन के पथ पर मिले, मीत!
क्यों गीतों भरे सपने जगाए.. ?
'काहे को दे दी जुदाई.. ??'
'क्यों क्यों – ओ कविराज??' [11]

10 कवि शैलेंद्र: ज़िंदगी की जीत में यकीन, प्रहलाद अग्रवाल, पृष्ठ 61।

11 हिंद पॉकेट बुक्स द्वारा प्रकाशित *तीसरी कसम* की सचित्र पटकथा को रेणु ने गीतकार शैलेंद्र को इन शब्दों में समर्पित किया था।

8. यदि हिरामन और हीराबाई मिल जाते

दृश्य-एक

हिरामन स्टेशन पर भागता-भागता पहुंचता है। उधर रेलगाड़ी दूसरी तरफ़ के प्लैटफॉर्म पर पहुंचती है। हिरामन पटरी पारकर उधर के प्लैटफॉर्म पर पहुंचना चाहता है लेकिन तब तक रेलगाड़ी प्लैटफॉर्म पर आ जाती है। मुसाफ़िर डिब्बों से उतरते हैं। तभी हम देखते हैं कि हिरामन रेल के नीचे से निकलकर प्लैटफॉर्म पर पहुंच जाता है। हीराबाई हिरामन को देखकर ख़ुश होती है। हिरामन उसके नज़दीक जाता है।

हीराबाई – 'तुम आ गए हिरामन! चलो भेंट हो गई। ये लो अपने रुपये ... लोगे नहीं क्या? ... लो ना ... मैं तो उम्मीद ही खो बैठी थी। सोचा अब भेंट ही नहीं होगी ... मैं वापस जा रही हूं अपने देश की कंपनी में। लो मेरी निशानी। सर्दी में काम आएगी। ...गुलाबगंज के मेले में मेरा तमाशा देखने आओगे ना? दिल छोटा ना करो हिरामन। तुमने कहा था ना महुआ को सौदागर ने खरीद लिया ...

सेठ – बाई सामान लग गया ... ।'

हीराबाई – 'मैं बिक चुकी हूं मीता ... ।'

सेठ – बाई जल्दी करो ना, गाड़ी छूट जाएगी ... बाई चलो ना।'

सेठ (हिरामन से) – 'अरे लाद-फाद के बाहर निकल जाओ यार कोई पकड़ लेगा, चलो यहां से ... ।'

इस बीच सीटी बजती है।

हिरामन अभी भी निःशब्द और बेजान-अनजान सा खड़ा हीराबाई को देखता है, हीराबाई हिरामन को ही देख रही है। इंजन भाप उगलने लगता है, पहिये धड़ाधड़

खिसकने लगते हैं हिरामन अभी भी प्लेटफार्म छोड़ती गाड़ी देखता रहता है ... ।

दृश्य-दो

हीरामन प्लेटफारम पर आता है ... बाकी बातें ठीक हैं ... आपने अच्छा लिखा है ... पर मेरे को कहना है बिदाई का टेंस सीन ... कभी हीराबाई का क्लोजअप ... कभी हीरामन का क्लोजअप ... चेहरे पर कभी एक एम्प्रेशन कभी दूसरा ... बाकी डायलाग ठीक हैं ... तभी हीरामन की आंखें गीली हो जाती हैं ... वह चेहरा घुमा लेता है ... क्लोजअप ऑफ हीरामन ... आंसू से भीगा एक दुखी चेहरा ... यहां राज साहब कमाल कर देंगे ... मेरा दावा है, उनके चेहरे को देखकर पब्लिक की आंखें भीग जायेंगी ... कट टू इंजन का ऊपरी हिस्सा – धुआं ... जैसे ज़िंदगी अब धुएं के सिवा कुछ नहीं – जैसे हीराबाई भी एक धुआं-सी आयी और हवा में उड़ गयी ... लेखक साहब, आप खुद सोचिए, ढेर सारे माने निकलेंगे ... कट, इंजन के भीतर के ड्राइवर का सिर्फ हाथ ... सीटी वाली रस्सी पर ... कट, इंजन का ऊपरी हिस्सा – जोर की सीटी ... कट – हीरामन पीठ फेरे खड़ा है ... कट – हीराबाई देख रही है ... गाड़ी धीरे-धीरे सरक रही है ... हीरामन पीठ फेरे खड़ा है ... हीराबाई हीरामन के चेहरे को आखिरी बार देखना चाहती है ... अपने-आप में घुटती है ... गाड़ी सरकती जा रही है ... कट – इंजन का ऊपरी हिस्सा ... फिर जोर की सीटी ... कट – रस्सी पर ड्राइवर का हाथ ... धीरे-धीरे वह हाथ एक लड़की के हाथ में बदल जाता है – चेन पर ... कट – वही हाथ हीरामन के कंधे पर ... हीरामन घूमकर देखता है ... सामने हीराबाई खड़ी है ... दोनों की आंखें गीली हैं ... दोनों एक-दूसरे से लिपट जाते हैं ... गाड़ी चली जा रही है ... दोनों लिपटे हुए हैं. यह शॉट क्रेन से लिया जाये, तो मजा आ जायेगा ... दोनों लिपटे खड़े हैं ... दूर, बहुत दूर तक जाती हुई गाड़ी ... अनंत में खो जाती है ...

तीसरी कसम का दृश्य-एक असली है यानी जिसे हम फिल्म में देखते हैं और जिसके साथ फिल्म समाप्त होती है और दृश्य-दो वह दृश्य है, जिसको एक फिल्म वितरक ने उस मीटिंग में सुनाया जो तीसरी कसम के अंत को लेकर बुलाई गई जिसमें शैलेंद्र, रेणु, बासु भट्टाचार्य,सुब्रत आदि थे। वितरक ने ज़ोर दिया कि फिल्म को इसी तरह ख़त्म करो।

फिल्म का यह सुखांत सिर्फ डिस्ट्रीब्यूटर यानी *तीसरी कसम* के फिल्म वितरक का ही विचार नहीं था बल्कि शैलेंद्र और फणीश्वरनाथ रेणु को छोड़कर फिल्म से जुड़े लगभग सभी का था कि फिल्म के अंत को बदला जाना चाहिए। वितरक ही नहीं, निर्देशक से लेकर फिल्म के नायक यानी राज कपूर और नायिका वहीदा रहमान भी चाहती थीं कि फिल्म का अंत बदल दिया जाए। राज कपूर ने तो अपनी फिल्म *आग* का हवाला दिया कि कैसे उन्होंने फिल्म का अंत नहीं बदला तो, फिल्म नहीं चली। अगर इस फिल्म का अंत नहीं बदला गया तो यह फिल्म भी नहीं चलेगी। फिल्म का अंत बदलने की यह राय या कह लीजिए विचार राज कपूर ने बतौर नायक नहीं, बतौर शैलेंद्र के एक मित्र के नाते भी दिया लेकिन बाकी लोगों ने अपनी-अपनी हैसियत से शैलेंद्र पर दबाव बनाया कि फिल्म का अंत बदला जाए नहीं तो हम फिल्म नहीं करेंगे!

फिल्म के अंत को लेकर राज कपूर ही नहीं बासु भट्टाचार्य, फणीश्वरनाथ रेणु और शैलेंद्र के बीच काफ़ी मशवरा हुआ, बहस हुई, हां और ना के बीच आख़िर में फणीश्वरनाथ रेणु के ऊपर फ़ैसला छोड़ा गया कि अगर उनको कोई आपत्ति नहीं होगी तो फिल्म का अंत बदल दिया जाएगा हालांकि फिल्म के निर्देशक बासु भट्टाचार्य ने कहा कि फिर इस फिल्म का नाम *तीसरी कसम* नहीं होगा। इसका नाम भी बदलना पड़ेगा। नाम बदलने को लेकर सबसे अधिक आपत्ति स्वयं शैलेंद्र को थी कि अगर नाम बदल दिया गया तो फिल्म की आत्मा ही मर जाएगी। फिल्म का मकसद और फिल्म का जो कथानक है वही ख़त्म हो जाएगा।

तीसरी कसम के अंत को लेकर काफ़ी कुछ लिखा गया है। शैलेंद्र, राज कपूर, बासु भट्टाचार्य और फिल्म की कहानी और पटकथा लेखक स्वयं फणीश्वरनाथ रेणु के वक्तव्य उपलब्ध हैं।

'शैलेंद्र के साथ राज कपूर एवं उनके वितरकों की अंतिम बैठक हुई। रेणु बाहर थे। शैलेंद्र ने रेणु को बुलवाया। कमरे में अच्छा-खासा जमघट था। उन्हें देखते ही शैलेंद्र बोले – "रेणुजी, ये लोग कहानी का अंत बदलना चाहते हैं। मैंने साफ-साफ कह दिया है, मैं अंत नहीं बदलना चाहता। यदि रेणुजी तैयार हो जायेंगे, तो ठीक है।" ... रेणु शैलेंद्र के चेहरे को देखते रहे। इतना चुक जाने पर भी इस कहानी पर कितना विश्वास था और कितना लगाव! रेणु चुपचाप खड़े थे कि शैलेंद्र ने लोगों को

सम्बोधित कर कहा – "इस कहानी के लेखक आ गये हैं। अगर आप इन्हें यकीन दिला सकें..।"[1] और रेणु की ओर एक दृष्टि फेंककर चुपचाप बाहर चले गये। रेणु थोड़ी देर तक शांत खड़े रहे, तब किसी ने उन्हें बैठने के लिए कहा। वे बैठ गये किन्तु उन्हें लगा कि किसी दलदल में फंस गये हों और धीरे-धीरे भीतर धंसते ही जा रहे हों।

फिर भाषण शुरू हुआ। उपन्यास क्या है? साहित्य क्या है? फिल्म क्या है? पाठक क्या है? ख़र्च क्या है और फिल्म-निर्माण क्या है? उसका आर्थिक-पक्ष क्या है? – ऐसे विचार-प्रवर्त्तक भाषण शायद पूना फिल्म इंस्टीट्यट में भी नहीं होते होंगे। फिर शैलेंद्र पर चढ़े क़र्ज़ और उसे उतारने की दुहाई दी गयी। इसके बाद एक वितरक ने वही नया अंत सुनाया जिसका ऊपर दृश्य दो में उल्लेख किया गया है। जब उस वितरक ने बड़े कॉन्फिडेंस से रेणु से पूछा कि 'जमता है न' तो रेणु के मुंह से सिर्फ़ इतना ही निकला, 'नहीं'। इतना कहकर वह कमरे से बाहर निकल आए।

बाहर शैलेंद्र बड़ी बेचैनी से इधर-उधर टहल रहे थे। जब उन्होंने रेणु को बाहर निकलते देखा तो वह उनके पास गए और पूछा, 'क्या फैसला किया?' रेणु बोले, 'वही जो आपने किया था।' इस तरह से *तीसरी कसम* का अंत या कहें कि इसके कथानक का असामयिक अंत होने से बच गया!

'शैलेंद्र ने एक साहित्यिक कृति पर "बिग स्टार" वाली फिल्म बनाकर भी कृति को मरने नहीं दिया, बल्कि फिल्म तकनीक और भाषा के माध्यम से कहानी की रक्षा करते हुए उन बातों को और भी उभारा जो प्रस्तुति की दृष्टि से अनिवार्य थीं। जैसे सारी फिल्म बन चुकी थी। कई एक "ट्रायल शो" हो चुके थे और फिल्म के व्यावसायिक पक्षधरों ने सर्वसम्मति से चाहा कि नायक-नायिका को मिला दिया जाए। और उन लोगों में राज कपूर साहब भी थे जो फिल्म के नायक ही नहीं, शैलेंद्र के अच्छे मित्रों में थे। निर्माता की हैसियत से शैलेंद्र के अंग के गिरह-गिरह बंधे हुए थे। एक ओर थी कथा की आत्मा दूसरी ओर बॉक्स ऑफिस की खिड़की तोड़ भीड़। मुझे विशेष रूप से बुलवाया गया और शैलेंद्र ने कहा, "रेणुजी, मैं अभी तक डटा हूं, अब यह आपके ऊपर है कि हिरामन और हीराबाई को मिला दें... ।" मैंने पूछा था, "आप क्या चाहते

[1] शैलेंद्र, रेणु और तीसरी कसम, रेणु का है अंदाजे बयां और, भारत यायावर, प्रेरणा पब्लिकेशन।

हैं? तब उन्होंने कहा था कि न मिलें – और यही राय बासु की भी थी।"'[2]

तीसरी कसम की असफलता (बॉक्स ऑफिस पर कमाई के संदर्भ में) और फिर बाद में इसकी सफलता और एक कल्ट क्लासिक फिल्म का दर्जा प्राप्त करने की कहानी भी इस फिल्म के अंत की तरह दिल तोड़ने वाली और दुखद है। सचाई यह है कि इस फिल्म के चाहने वाले लाखों-करोड़ों हैं। उस दौर के भी और इस दौर के भी। एक संवेदनशील, सशक्त कहानी उस पर फिल्म के गीत जैसे एक-एक हीरा।

बेहतरीन सिनेमैटोग्राफी, बेहतरीन संपादन, बेहतरीन निर्देशन, मन-मस्तिष्क पर छा जाने वाले संवाद, रगों में उतर जाने वाला संगीत और उससे भी अधिक दिल को हर लेने वाली राज कपूर और वहीदा रहमान की अदाकारी! बाज़ार के नज़रिए से भी देखें तो एक फिल्म को सफल होने के लिए इन्हीं सब की जरूरत पड़ती है। *तीसरी कसम* में भी तो वह सब कुछ था जो एक अच्छी और सफल फिल्म के लिए दर्शक चाहते हैं। फिर ऐसा क्या था, कौन से कारण थे कि यह बॉक्स ऑफिस पर एक आम मुंबइया मसाला फिल्म के बराबर भी नहीं चली।

यह सवाल बहुत से पाठकों, लेखकों, निर्देशकों कलाकारों, फिल्म समीक्षकों को परेशान करता रहा है। फिल्म के अंत को लेकर काफी जद्दोजहद हुई। सब लोगों ने शैलेंद्र का साथ छोड़ दिया। आर्थिक और मानसिक कठिनाइयों से लड़ते हुए उन्होंने फिल्म रिलीज की और जब फिल्म नहीं चली तो इन्हीं लोगों ने अपनी बातों को सही सिद्ध करने के लिए फिल्म के अंत को ही सबसे बड़ा कारण बताना शुरू कर दिया जबकि दर्शकों की अंत को लेकर प्रतिक्रियाएं बहुत कम या ना के बराबर उपलब्ध हैं। फिल्म समीक्षकों ने भी मिली-जुली प्रतिक्रियाएं दीं। शैलेंद्र ने अपनी डायरी में इनका ज़िक्र किया है।

कई समीक्षकों ने इसे औसत, कई ने उत्कृष्ट और कई ने इसे हिट फिल्म बताया। स्वयं शैलेंद्र ने अपनी डायरी में लिखा है – 'इट विल बी ए हिट।'

तो क्या सभी ने शैलेंद्र के निर्णय को ग़लत साबित करने के लिए *तीसरी कसम* के अंत को दोषपूर्ण बताने का अभियान चलाया? फिल्म का अंत दर्शकों को पसंद नहीं आया? फिल्म के अंत से दर्शक सहमत नहीं हुए जिस कारण यह फिल्म नहीं चली?

[2] वही।

अगर फिल्म का अंत बदल दिया जाता यानी हिरामन और हीराबाई को मिला दिया जाता तो क्या फिल्म चलती? लोगों को पसंद आती? फिल्म का अंत एक कारण हो सकता है लेकिन और भी बहुत से कारण थे। जिनमें सबसे बड़ा कारण फिल्म बाज़ार की शक्तियां थीं।

बाज़ार को साधने वाले, बाज़ार को चलाने वाले, इसे उठाने और गिराने वालों का इसमें बहुत बड़ा हाथ था। वितरक और थियेटर मालिकों ने, उसी की फिल्म नहीं चलने दी, जिसके गीतों पर वे अपनी तिजोरियां भरते थे। शैलेंद्र बाज़ार साधने वाले निर्माता नहीं थे। वे कला-संगीत के साधक थे, जहां ग़ैर-कला मर्मज्ञ को हस्तक्षेप करने की इजाज़त नहीं थी। जबकि यह लॉबी अन्य फिल्म निर्माताओं, जिनमें बड़े-बड़े नायक-नायिकाएं और निर्माता-निर्देशक शामिल थे, के काम में प्रायः दखलंदाज़ी करते थे (करते हैं)। *तीसरी कसम* के डिस्ट्रीब्यूटरों और फाइनेंसरों ने फिल्म का अंत उनके हिसाब से न बदलने पर फिल्म से हाथ खींच लिए, अपने पैसे वापस ले लिए। सोचिए, अगर किसी फिल्म का वितरक ही अपने पैसे वापस लेकर उस फिल्म से निकल जाए तो पहली बार फिल्म बनाने वाले निर्माता के दिल पर क्या बीतेगी।

सबसे दुखद यह था कि *तीसरी कसम* के वितरक और फाइनेसर वे थे जो राज कपूर और बिमल रॉय की फिल्मों पर आंख मूंदकर पैसा लगाते थे लेकिन शैलेंद्र को लेकर इनका रवैया अलग था। जबकि *तीसरी कसम* के दो गीत प्रसिद्धि के पायदान पर पहले ही ऊपर चढ़ चुके थे। राज कपूर साहब ने भी अपनी फिल्म *आग* का हवाला दिया लेकिन शैलेंद्र साहब ने *तीसरी कसम* को 'तीसरी कसम' ही रहने दिया बल्कि उन्होंने एक चौथी कसम खाई कि कुछ भी हो जाए अंत नहीं बदलेंगे। उनका कहना था कि हर स्टोरी हैप्पी एंडिंग में नहीं बदलती। तो क्या सारी ताक़तें, जिनमें अधिकतर शैलेंद्र के अपने लोग थे, उनके 'कॉन्फिडेंस' को तोड़ना चाहती थीं? क्या स्टार सिस्टम (जिसका राज कपूर-वहीदा रहमान भी हिस्सा थे) को *तीसरी कसम* से ख़तरा लगने लगा था। क्या उन्हें यह लगने लगा था अगर इस तरह की फिल्में चलने लगीं तो फार्मूला फिल्मों का बाज़ार ध्वस्त हो जाएगा!

यदि अंत बदल दिया जाता अर्थात हिरामन और हीराबाई मिल जाते तो क्या होता? ये सवाल मेरे मन में बार-बार आता है और इसका जवाब पाने के लिए मैंने

तीसरी कसम के निर्माण, इसके वितरण, वितरकों की मनमानी और उस समय के दर्शकों की मानसिकता को समझने की कोशिश की। अगर फिल्म का अंत बदल दिया जाता यानी हिरामन और हीराबाई को मिला दिया जाता तो क्या दर्शक इस फिल्म को पसंद करते? इस सवाल का जवाब हां और ना दोनों में हो सकता है।

फिल्म की कहानी, उसका प्लॉट और उसकी प्रस्तुति ठेठ गंवई थी। उस दौर में सिनेमा मनोरंजन का नया माध्यम था और ख़ूब फल-फूल रहा था। जनता सिनेमा हॉल में अपने दुख-दर्द, परेशानियों से निजात पाने और ख़ालिस मनोरंजन की तलाश में जाती थी। यह फिल्म अंत में दर्शकों के मन को भारी कर जाती है। इस फिल्म के पात्रों से दर्शकों का जो जुड़ाव होता है वह अंत तक बना रहता है लेकिन बिछुड़ने का जो अंतिम सीन है वह मन को कचोट जाता है। दर्शकों ने अपने मन में शायद यह मान लिया होगा कि वह अपने मन-मस्तिष्क पर इतना मानसिक बोझ लेकर थियेटर से बाहर नहीं आना चाहते।

यह भी एक सत्य है कि अगर अंत बदल दिया जाता तो *तीसरी कसम* सच में 'तीसरी कसम' ही नहीं रहती। पूरी कहानी बदलनी पड़ती, पटकथा बदलनी पड़ती, फिल्म दोबारा से शूट करनी पड़ती क्योंकि पहली और दूसरी कसम खाने के बाद जो कहानी आगे बढ़ती है वही अंत 'तीसरी कसम' के साथ न्याय करता है। अंत बदलने का मतलब होता 'तीसरी कसम' की आत्मा को मार देना! इस तरह से *मारे गए गुलफाम* कहानी पर शैलेंद्र ने जो *तीसरी कसम* बनाई उसको *मारे गए गुलफाम* और *तीसरी कसम* के अलावा कोई तीसरा नाम देना पड़ता लेकिन फिल्म के निर्माण में लगा आवश्यकता से अधिक समय, वितरकों का हाथ खींचना और रिलीज में देरी; इसके अलावा बिना प्रचार-प्रसार के फिल्म का रिलीज होना उसका दुर्भाग्य बन गया जो अंततः शैलेंद्र का भी दुर्भाग्य बना।

अतः यह कहना शायद ठीक नहीं होगा कि फिल्म का अंत बदलने से फिल्म का भाग्य कुछ और होता। यदि हिरामन और हीराबाई मिल जाते अर्थात *तीसरी कसम* का सुखद अंत हो जाता तो यह एक आम मुंबइया मसाला फिल्म से ज़्यादा न रहती। यह कभी क्लासिक नहीं बन पाती। इस बात में कोई संशय नहीं है कि यह भारतीय

सिनेमा के इतिहास की एक महत्त्वपूर्ण उपलब्धि है जिसका श्रेय सिर्फ़ और सिर्फ़ शैलेंद्र को जाता है।

फिल्म में हिरामन गाना गाता है – 'सजनवा बैरी हो गए हमार, चिठिया हो तो हर कोई बांचे. भाग ना बांचे कोइ करमवा बैरी हो गए हमार'। दरअसल इसके कहानीकार और संवाद लेखक फणीश्वरनाथ रेणु और मुकेश के अलावा जितने भी सजनवा थे, आगे चलकर उनके बैरी हो गए। शैलेंद्र सरल हृदय के कवि थे, अपने आसपास के लोगों को न भांप सके। जिनमें उनके अपने भी थे पराए भी! शैलेंद्र की बेटी अमला शैलेंद्र के शब्दों मेः

> यह ठीक बात है कि फिल्म बनाने के दौरान काफ़ी पैसे लग गए थे। घर में पैसे नहीं थे लेकिन बाबा अपने जीवन में पैसों की परवाह नहीं करते थे। उन्हें इस बात का फ़र्क़ नहीं पड़ा था कि फिल्म नाकाम हो गई क्योंकि उस वक़्त में वे सिनेमा में सबसे ज़्यादा पैसा पाने वाले लेखक थे। उन्हें धोखा देने वाले लोगों से चोट पहुंची थी। बाबा भावुक इंसान थे। इस फिल्म को बनाने के दौरान उन्हें कई लोगों से धोखा मिला। इसमें हमारे नजदीकी रिश्तेदार और उनके दोस्त तक शामिल थे। जान-पहचान के दायरे में कोई बचा नहीं था जिसने बाबा को लूटा नहीं। नाम गिनवाना शुरू करूंगी तो सबके नाम लेने पड़ जाएंगे।[3]

जिन लाखों-करोड़ों दर्शकों के सुख-दुख में शामिल होते हुए शैलेंद्र ने एक से एक बेहतरीन गाने दिए, क्या उन लोगों को पता नहीं चला कि *तीसरी कसम* का निर्माता उनका अपना कवि-गीतकार है, जिसने उनके लिए एक से एक नगीना दिया?

[3] *तीसरी कसम* की नाकामी से नहीं टूटे थे शैलेंद्र, अमला शैलेंद्र से प्रदीप कुमार की बातचीत, *बीबीसी*, 30 अगस्त 2016।

9. शैलेंद्र का ग़ैर फिल्मी साहित्य

जिस ओर करो संकेत मात्र, उड़ चले विहग मेरे मन का

शैलेंद्र का एकमात्र प्रकाशित कविता संग्रह *न्यौता और चुनौती* दो मई 1955 में प्रकाशित हुआ। पीपुल्स पब्लिकेशन से छपे इस कविता संग्रह में कुल 32 गीत और कविताएं हैं। इस कविता संग्रह को शैलेंद्र ने अपने मराठी दोस्त और कवि अण्णा भाऊ साठे को समर्पित किया।

शैलेंद्र के फिल्मी गीतों का संसार इतना विस्तृत और विशाल है कि उनके ग़ैर फिल्मी साहित्य या कहें ग़ैर फिल्मी गीतों की तरफ़ बाद में नज़र जाती है लेकिन उनके लिखे ग़ैर फिल्मी गीतों को जब सुनते हैं, पढ़ते हैं तब एहसास होता है कि उनका यह संसार तो फिल्मी गीतों की दुनिया से भी बड़ा है। बड़ा ही नहीं, गंभीर है, क्रांतिकारी है तथा सामाजिक-राजनीतिक और आर्थिक चेतना की सशक्त आवाज़ है। इन गीतों में भूख है, ग़रीबी, लाचारी है, शोषण है तो इनसे लड़ने की ज़िद है, प्रतिरोध भी है।

शैलेंद्र का बचपन भले ही सुखद और यादगार रहा हो लेकिन जाते हुए बचपन के दिन इतने अच्छे नहीं रहे। इसके बाद का समय परिवार के लिए संकटपूर्ण था। यह संकट आर्थिक था और जातिगत भी था, जिसे उन्होंने मथुरा में आकर महसूस किया और झेला। मथुरा में उनके दोस्तों में हर बिरादरी के साथी थे और जैसा होता है, बचपन की दोस्ती में सामाजिक-जातिगत भेदभाव का कोई स्थान नहीं होता। शैलेंद्र के सारे साथी उन्हें बेहद प्यार करते थे और जब वह मथुरा छोड़कर मुंबई आ गए उनको तब भी याद करते रहे। शैलेंद्र भी मथुरा को कभी भुला नहीं सके। मथुरा में, कई दोस्तों के परिजनों को उनकी जाति का पता था लेकिन उनके परिवार वाले जातिगत भेदभाव बरतते थे, ऐसा उनके कई मित्रों ने बाद में ज़िक्र किया है।

मथुरा में शैलेंद्र ने भूख, ग़रीबी, अभाव और सामाजिक भेदभाव का काफ़ी

बेलगाम घोड़े !

आज से नहीं बचपन से
देखता हूँ इन बेलगाम घोड़ों को
उन्मत्त हिनहिनाते उछलते कूदते
रौंदते बागों को, बगीचों को
कलियों को फूलों को
बच्चों को बूढ़ों को
सशक्तों को अशक्तों को
चँभोड़ते चौड़े चौड़े जबड़ों से
लोगों की दुबकी सुबकी गर्दनों को !
बड़ी मुश्किल से बचाया माँ बाप ने
बंद रखवा आँगन में
लाठी सिरहाने रखकर सोए
फिर भी जाती रही नन्हीं बहन कमला !
यही घोड़े आड़े आए
मेरी कालिज की राह में
छूटा मेरा आगे पढ़ना !

या मार दे एक गोली इनकी कनपटी पर
कि ढहढहा कर गिर पड़े ये पागल उत्पात
बढ़ते हुए दामों के बेलगाम घोड़ों का !

अनुभव किया। यहीं पर उनका ईश्वर से विश्वास उठा। लेकिन यह भी उतना ही सच है कि शैलेंद्र का साहित्य से, कविता से मन मथुरा में ही लगने लगा था। शैलेंद्र के कवि ने यहीं आकार लेना शुरू किया था। इस लिहाज से, शैलेंद्र को प्रारंभिक जीवन के संघर्षों का अनुभव देने वाला शहर मथुरा ही है। मथुरा में वे 13-14 साल रहे। जीवन को समझने वाले ये 13-14 साल कम नहीं होते बल्कि किसी के जीवन, कैरियर और उसको एक आकार देने के लिए बहुत महत्त्वपूर्ण होते हैं। कहने का आशय यही है कि मथुरा ने शैलेंद्र को दोस्त दिए, गीत दिए, शिक्षा दी तो असमानता, और सामाजिक भेदभाव का कड़वा अनुभव भी दिया। साथ ही, एक राजनीतिक चेतना भी दी जिसकी अभिव्यक्ति उनके फिल्मी गीतों में तो भरपूर हुई ही है, ग़ैर फिल्मी गीतों में यह काफ़ी मुखरता से हुई है। शैलेंद्र के लिखे इन गीतों को पढ़कर यह बात सिद्ध हो जाती है।

शैलेंद्र के इन गीतों में सामाजिक और राजनैतिक परिवेश से अधिक आर्थिक विषमताओं का चित्रण हुआ है। वे संवेदनशील थे, इंसान को इंसान समझने वाले थे, ग़ैर बराबरी वह चाहे आर्थिक और सामाजिक या फिर जातिगत हो, मानवीयता के लिए, देश के लिए ख़तरनाक मानते थे।

मथुरा के प्रारंभिक जीवनकल में, शैलेंद्र ने शंकर राव के नाम से रचनाएं लिखीं और तत्कालीन पत्रिकाओं में छपीं। इससे पहले 1941 में आगरा से प्रकाशित होने वाली एक साहित्यिक पत्रिका *साधना* में उनकी पहली कविता छप चुकी थी। कविता की समझ धीरे-धीरे बन रही थी और वे स्थानीय कवि सम्मेलनों में हिस्सा लेने लगे थे। मथुरा के उनके मित्रों के अनुसार शैलेंद्र शहर में होने वाले किसी भी कवि सम्मेलन या गोष्ठी को नहीं छोड़ते थे। शुरुआत कवि सम्मेलनों में बतौर श्रोता की भागीदारी से हुई और धीरे-धीरे वे मंच पर जगह बनाने में कामयाब हो गए।

अब शैलेंद्र को भी कवि सम्मेलन में युवा कवि के रूप में कविता पाठ करने का अवसर मिलने लगा। शैलेंद्र की आवाज़ बहुत अच्छी थी, वे गाते भी बहुत अच्छा थे। जब भी मंच पर होते, अपनी विशिष्ट शैली से श्रोताओं में जोश भर देते। जब झांसी के रेलवे अप्रेंटिस स्कूल में उनका दाख़िला हो गया तो वे झांसी चले गए। यहां से उनका तबादला माटुंगा हो गया। इस तरह शैलेंद्र कभी झांसी तो कभी मुंबई रहने लगे।

माटुंगा रेलवे वर्कशॉप में वेल्डर की नौकरी! साथी मज़दूरों की दयनीय दशा

और उनका शोषण देखकर कवि को गहरी पीड़ा हुई। अब उनके गीत मज़दूरों की आवाज़ बनने लगे। उधर अंग्रेजी हुकूमत के ख़िलाफ़ देश में माहौल बनने लगा था, जगह-जगह प्रदर्शन हो रहे थे। शैलेंद्र भी अगस्त क्रांति आंदोलन में कूद पड़े जिसके लिए उन्हें जेल भी जाना पड़ा। उधर मुंबई में कामगार यूनियन अपनी मांगों को लेकर हड़ताल करती तो शैलेंद्र उसमें अपने गीतों के साथ मौजूदगी सुनिश्चित करते। धीरे-धीरे शैलेंद्र यूनियन की हड़ताल में शामिल होते-होते मुंबईवासियों के दिलों में जगह बनाते रहे।

ऐसे ही एक कवि सम्मेलन में शैलेंद्र ने 'जलता है पंजाब साथियो' गीत गाया था जिसे सुनकर राज कपूर शैलेंद्र के मुरीद हो गए थे। अपनी फिल्म *आग* के लिए उन्होंने यहीं पर शैलेंद्र को गीत लिखने का प्रस्ताव दिया था जिसे शैलेंद्र ने बड़ी निष्ठुरता से ठुकरा दिया था।

अगस्त 1947 में हुए इस एक कवि सम्मेलन में शैलेंद्र ने दो गीत सुनाए जिन्हें सुनकर श्रोता देर तक तालियां बजाते रहे और पूरा हॉल जोश से भर गया।

जलता है जलता है पंजाब हमारा प्यारा
भगत सिंह की आंखों का तारा
किसने माता की अस्मत को बुरी नज़र से ताका
धर्म और मजहब से अपनी बदनीयत को ढांका
कौन सुखाने चला है पांचों नदियों की जलधारा

'जलता है पंजाब साथियो ... ' में अंग्रेजों की कुटिल और घृणित चालों पर बेबाक टिप्पणी थी। दूसरा गीत था – 'हमारी बगिया में आग लगाय गयो रे गोरा परदेसी।' देश बंटा तो लोगों के दिल भी बंट गए। जिनके नहीं बंटे उन्हें बंटवारे का दर्द सालता रहा। शैलेंद्र कैसे अछूते रहते! यह गीत उसी विभाजन की टीस है –

सुन भैया रहमू पाकिस्तान के
भुलुआ पुकारे हिंदुस्तान से

संग-संग थे जब से आए होश में
सोना रूपी धरती की गोद में
खेले हम दो बेटे किसान के
सुन भैया रहमू पाकिस्तान के

लेकिन 1947 में जब देश आज़ाद हुआ तो शैलेंद्र ने भी इस आज़ादी को समर्पित एक गीत लिखा –

जय-जय भारतवर्ष प्रणाम!
युग-युग के आदर्श प्रणाम!

भारतवर्ष की जय के साथ ही शैलेंद्र अंग्रेजों को बैरी कहकर संबोधित करते हैं और उसे उनके 'गॉड' का रूठना बताते हैं। इस गीत में नए भारत का स्वागत है और अंधकार के भागने के बाद उजाले की किरण का आह्वान है। नवजागरण काल है और इस घड़ी के लिए शैलेंद्र जनता, मज़दूर, किसान और देश पर प्राण न्योछावर करने वाले शहीदों को प्रणाम करते हैं। यहां देश की आज़ादी में नेताओं के साथ-साथ जनता,किसान-मज़दूरों और शहीदों को भी श्रेय देते हैं।

जय जाग्रत भारत संतान
जय उन्नत जनता संज्ञान
जय मजदूर, जयति किसान!
वीर शहीदो! तुम्हें प्रणाम!

हिंदी साहित्य में यथार्थवाद को सबसे अहम जगह मिली है। स्वयं का भोगा हुआ यथार्थ जब लाखों लोगों के जीवन का भी यथार्थ बन जाता है तो वह रचना सार्वकालिक हो जाती है। शैलेंद्र जब शादी करने के बाद पत्नी को लेकर मुंबई आए तो माटुंगा की रेलवे कॉलोनी में रहे लेकिन जब उन्होंने किराये पर मकान लेने की सोची तो

महानगर के आर्थिक गणित के आंकड़ों में उलझकर रह गए। मकान के लिए एडवांस यानी पगड़ी देने की उनकी स्थिति नहीं थी। वह किराये का घर ढूंढ़-ढूंढ़कर निराश हो चुके थे, कुंठित थे। इस गीत में मुंबई जैसे महानगरों में मज़दूरी और फैक्ट्रियों में छोटा-मोटा काम काम करने वाले उन तमाम लाखों मज़दूरों की व्यथा है –

नई नई शादी है लेकिन
बटुए-सी दुल्हिन को लेकर
सिर्फ चार दिन साथ रह सका
मुझ जैसे तो लाखों हैं
जो रहने को घर मांग रहे हैं
मांग रहे हैं रोटी, कपड़ा, रोज़ी
बोनस औ' महंगाई
मांग रहे हैं जीने का अधिकार
स्वदेशी सरकारों से

इस गीत के इस अंतरे की अंतिम लाइन है 'स्वदेशी सरकारों से।'अर्थात देश आज़ाद हो चुका था लेकिन आम आदमी, मज़दूर, ग़रीब-शोषित का जीवन अभी भी अभावों से घिरा था। ज़ाहिर है, यह अभाव सिर्फ़ शैलेंद्र का निजी अभाव नहीं बल्कि उन जैसे और उनसे भी कमतर कमाने-खाने वाले उन मज़दूरों का भी था जो मिलों-फैक्ट्रियों में काम करते थे और जिनके पास ज़रूरत भर के लिए जगह मयस्सर नहीं थी।

'ग़रीबी मेरे देश के नाम के साथ जोंक की तरह चिपकी है। नतीजा, हम सब एक हो गए – कवि, मैं और मेरे गीत और विद्रोह के स्वर गूंजने लगे।'[1] मज़दूरों की ऐसी दयनीय हालत ने ही शैलेंद्र को ऐसा क्रांतिकारी गीत लिखने पर विवश किया जो आज तक शोषण और अन्याय के खिलाफ आवाज़ उठाने वालों की ताक़त बना हुआ है। इसके बिना कोई आंदोलन-संघर्ष शुरू ही नहीं होता। गीत देखें –

[1] मैं, मेरा कवि और मेरे गीत, आत्म परिचय, शैलेंद्र, *धर्मयुग*,16 मई 1965।

हर ज़ोर ज़ुल्म की टक्कर में हड़ताल हमारा नारा है
तुमने मांगें ठुकराई हैं, तुमने तोड़ा है हर वादा
छीनी हमसे सस्ती रोटी, तुम छंटनी पर हो आमादा
तो अपनी भी तैयारी है, हमने भी ललकारा है
हर ज़ोर ज़ुल्म की टक्कर में हड़ताल हमारा नारा है

यह गीत हम सबने ज़रूर सुना होगा। हड़तालों-आंदोलनों का यह गीत अभिन्न हिस्सा बनता है। सत्तर के दशक में जब देश में जयप्रकाश नारायण के नेतृत्व में आंदोलन हुआ तो रेणु ने भी उसमें हिस्सा लिया। तब इस गीत ने उस आंदोलन में जोश भरने का बड़ा काम किया। उसी दौरान रेणु ने इसमें आए हड़ताल शब्द को बदलकर इसकी जगह संघर्ष कर दिया। उस आंदोलन में यह गीत 'हर जोर जुल्म की टक्कर में संघर्ष हमारा नारा है' के रूप में गाया गया। कवि-आलोचक विश्वनाथ प्रसाद तिवारी ने उनके साहित्यिक योगदान के बारे में कहा हैः

> कवि-गीतकार शैलेंद्र की क्रांतिकारी कविताएं, सामाजिक सरोकार प्रधान गीत साहित्य की अमूल्य धरोहर हैं। उनके गीतों को साहित्य की परिधि से बाहर रखना नितांत अनुचित है। 'हर ज़ोर ज़ुल्म की टक्कर में हड़ताल हमारा नारा है' शैलेंद्र की कालजयी रचना है। 70 साल बीत जाने के बाद भी यह नारा आज भी हमें कस्बों और नगरों में सुनाई पड़ता है। शैलेंद्र ने फणीश्वरनाथ रेणु की कालजयी मर्मस्पर्शी कहानी तीसरी कसम पर क्लासिक फिल्म बनाकर उसे आम आदमी तक पहुंचाने का सराहनीय कार्य किया।[2]

ऊपर के दोनों गीतों से स्पष्ट कि शैलेंद्र बिना लाग-लपेट, बिलकुल साफ़-साफ़ कहने वाले गीतकार हैं। इससे भले ही उन्हें व्यक्तिगत हानि उठानी पड़े लेकिन देश-समाज और आम आदमी के सरोकारों से कोई समझौता उन्हें मंज़ूर नहीं था।

[2] शैलेंद्र के गीत साहित्य की धरोहर हैं – विश्वनाथ प्रसाद तिवारी, धरती कहे पुकार के ... गीतकार शैलेंद्र, संपादक: इंद्रजीत सिंह, पृष्ठ 21।

आज़ादी मिलने के बाद सभी देशवासियों के मन में एक बात बैठी हुई थी कि अब सब दुख-दर्द दूर हो जाएंगे, भले ही एकदम सब-कुछ ठीक न हो पर धीर-धीरे सबको हक मिलेगा। ऐसी उम्मीद शैलेंद्र के मन में भी जगी हुई थी। उन्होंने लिखा –

अब तो इस 'आज़ाद' मुल्क में
सबके सर ज़िम्मेवारी है आज़ादी की
खून बहाए बिना मिली जो महाजनों को
शुभचिंतक उदार गोरों से
सदियों के गुलाम भारत के कंधे टूटे
लेकिन बोझ अब पहले से भी भारी है
सबके सर ज़िम्मेवारी है

तीसरी और चौथी लाइन में शैलेंद्र बहुत बड़ी बात कह देते हैं। सबका हक मिलेगा लेकिन सबके सर पर पहले से भी भारी बोझ आ गया है।

लेकिन जब आज़ाद भारत में भी नागरिकों के साथ वैसा ही सुलूक होने लगा तो शैलेंद्र का दिल टूट गया। इस गीत को पढ़कर अंदाज़ा लग जाएगा कि उन्हें कितनी ठेस पहुंची होगी।

भगत सिंह! इस बार न लेना काया भारतवासी की
देशभक्ति के लिए आज भी सज़ा मिलेगी फांसी की
यदि जनता की बात करोगे, तुम ग़द्दार कहलाओगे
बम्ब-सम्ब की छोड़ो, भाषण दिया तो पकड़े जाओगे
निकला है कानून नया, चुटकी बजते बंध जाओगे
न्याय अदालत की मत पूछो, सीधे मुक्ति पाओगे
कांग्रेस का हुक्म; जरूरत क्या वारंट तलाशी की

दरअसल 1948 में, जालंधर में भगत सिंह के शहीद दिवस के अवसर पर बिहार

के किसान नेता सहजानंद को इस आयोजन में सरकार ने शामिल नहीं होने दिया। उन्हें गिरफ़्तार कर लिया गया। शैलेंद्र भी इस आयोजन में शामिल होने आए थे, उन्हें भी रोक लिया गया। शैलेंद्र का प्रतिरोध इन शब्दों में व्यक्त हुआ है। यह गीत इसी घटना के विरोध में लिखा गया जो आगे चलकर नाटकों-प्रदर्शनों में गाया जाने वाला गीत बन गया। यही नहीं, जब यह गीत *हंस* पत्रिका में छपा तो तत्कालीन उत्तर प्रदेश सरकार ने उसकी प्रतियां ज़ब्त कर ली थीं।

निर्धनता सारे दुख-दर्दों की जननी है। मेहनत-मज़दूरी करके पेट पालना निर्धन का एक ऐसा संघर्ष बन जाता है जो मौत आने तक समाप्त नहीं होता। यह संघर्ष फिर निर्धन की आने वाली पीढ़ी करती है और यही सिलसिला युगों-युगों तक चलता रहता है। बल्कि यह एक ऐसा कुचक्र है जिससे निकालने के सपने तो सभी दिखाते हैं लेकिन ये महज सपने बनकर ही रह जाते हैं। फिर व्यक्ति जाता है आस्था के द्वार। उसे लगता है कि धनवालों की तरह ही उसे भी लक्ष्मी मिल जाएगी। दिवाली पर लक्ष्मी पूजन निर्धन के लिए एक दुःस्वप्न ही निकलता है। शैलेंद्र ने इस गीत में आस्था, निर्धनता, धनवानों पर क्या ख़ूब लिखा है –

राह देखते "श्री लक्ष्मी" के शुभागमन की,
बरबस आंख मुंदी निर्धन की!
तेल हो गया ख़त्म, बुझ गए दीपक सारे,
लेकिन जलती रही दिवाली मुक्त गगन की!
***
सपने में देखा उसने आई है लक्ष्मी
पावों में बेड़ियां, हाथ हथकड़ियां पहने!
फूट-फूट रोई वह और लगी यों कहने :
'पगले, मैं बंदिनी बनी हूं धनवालों की'[3]

हर भारतवासी की तरह शैलेंद्र को आशा ही नहीं विश्वास था कि आज़ादी के बाद

[3] दीवाली के बाद, कविता कोश।

ग़रीबों-मज़दूरों की हालत बदलेगी। आख़िर देश अंग्रेजों के चंगुल से आज़ाद हुआ था जिसके लिए लाखों अमर शहीदों ने अपने प्राणों की आहुति दी थी। नेताओं ने बड़े-बड़े वादे किए थे। सब कुछ अपने हाथ में था तो मज़दूरों को उनका हक क्यों नहीं मिलेगा! लेकिन यह आशा जल्दी ही निराशा में बदल गई। शैलेंद्र ये सब देखकर विचलित हो गए। मज़दूरों के हक की आवाज़ वे बुलंद करते आए थे। आज़ादी के बाद मगर सपना इतनी जल्दी चकनाचूर हो जाएगा यह नहीं सोचा था। *नेताओं को न्यौता* शीर्षक से इस गीत में वे अपनी बात को व्यंग्यपूर्ण लहजे में देखिए किस सुंदरता से व्यक्त करते हैं –

लीडर जी, परनाम तुम्हें हम मज़दूरों का,
हो न्यौता स्वीकार तुम्हें हम मज़दूरों का;
एक बार इन गंदी गलियों में भी आओ,
घूमे दिल्ली-शिमला, घूम यहां भी जाओ!
जिस दिन आओ चिट्ठी भर लिख देना हमको
हम सब लेंगे घेर रेल के इस्टेशन को;
'इन्क़लाब' के नारों से, जय-जयकारों से –
ख़ूब करेंगे स्वागत फूलों से, हारों से!
***
उनका कहना है, यह कैसी आज़ादी है,
वही ढाक के तीन पात हैं, बरबादी है,
तुम किसान-मज़दूरों पर गोली चलवाओ,
और पहन लो खद्दर, देशभक्त कहलाओ।
तुम सेठों के संग पेट जनता का काटो,
तिस पर आज़ादी की सौ-सौ बातें छांटो।
हमें न छल पाएगी यह कोरी आज़ादी,
उठ री, उठ, मज़दूर-किसानों की आबादी।'[4]

[4] नेताओं को न्यौता, कविता कोश।

ऐसा धारदार व्यंग्य विरले गीतकारों में ही मिलता है और शैलेंद्र उनमें शीर्ष पर नजर आते हैं। कहावत है कि *जाके पांव न फटी बिवाई वो का जाने पीर पराई*। शैलेंद्र के लिए ये पीर पराई नहीं है।

शैलेंद्र की व्यंग्य दृष्टि पर प्रख्यात आलोचक मैनेजर पांडेय की यह टिप्पणी महत्त्वपूर्ण हैः

> शैलेंद्र गहरे व्यंग्य के प्रभावशाली कवि भी हैं। हिंदी कविता की परंपरा में उन्हीं कवियों की कविताओं में व्यंग्य मिलता है जिनमें व्यापक लोक चेतना है, क्योंकि व्यंग्य का मूल स्रोत लोकजीवन ही है। भक्तिकाल के कवियों में लोकचेतन की गहराई के कारण व्यंग्य की क्षमता का विकास कबीर, सुर और तुलसी की कविता में है तो आधुनिक काल में निराला, नागार्जुन और रघुवीर सहाय की कविता में। शैलेंद्र इसी परंपरा के कवि हैं। [5]

> मुझको भी इंग्लैंड ले चलो, पंडित जी महराज,
> देखूं रानी के सिर कैसे धरा जाएगा ताज!
> बुरी घड़ी में मैं जन्मा जब राजे और नवाब,
> तारे गिन-गिन बीन रहे थे अपने टूटे ख़्वाब,
> दादी मर गई, कर गई रूप कथा से भी मुहताज! (मुझको भी इंग्लैंड ले चलो, 1953)

जहां व्यंग्य से काम चलता नहीं दिखाई दिया वहां पर शैलेंद्र का लहजा तीखा हो गया है। वे फिर जो बात कहना चाहते हैं उसे इशारों में या घुमा-फिराकर नहीं कहते। वे अच्छी तरह जानते हैं कि किसके लिए क्या कह रहे हैं। वे इस बात की भी परवाह नहीं करते कि इसके परिणाम उनके पक्ष में नहीं जाएंगे –

[5] मज़दूरों के कवि, मैनेजर पांडेय, धरती कहे पुकार के ... गीतकार शैलेंद्र, संपादक: इंद्रजीत सिंह, पृष्ठ 20।

क्रान्ति के लिए उठे क़दम,
क्रान्ति के लिए जली मशाल!

छिन रही हैं आदमी की रोटियां
बिक रही हैं आदमी की बोटियां,
किन्तु सेठ भर रहे हैं कोठियां,
लूट का यह राज हो ख़तम! (उठे कदम)

किसी समस्या पर केवल क्रोध प्रकट कर अपना दायित्व निभा देने की सोच नहीं है शैलेंद्र के काव्य में। उसके तोड़ का इशारा भी करते हैं और एकता की ताकत को बार-बार जनता के बीच रखते हैं।

तू औ' मैं हम जैसे अनगिन
इक बार अगर मिल जाएं ,
तोपों के मुंह फिर जाएं,
जुल्म के सिंहासन हिल जाएं ,
ओ, जीते जी जलने वाले,
अंदर भी आग जला! (अंदर भी आग जला)

युद्ध की विभीषिका पर यों तो बहुत कुछ लिखा गया है। गीत-कविताएं, कथाएं, रिपोर्ताज, संस्मरण, उपन्यास अर्थात साहित्य की लगभग सभी विधाओं में युद्ध से हुए विनाश और आने वाली नस्लों की बर्बादी का चित्रण ख़ूब हुआ है। हमारे यहां भी प्रचुर मात्रा में साहित्य रचा गया। युद्ध की पृष्ठभूमि पर यादगार फिल्में भी बनी हैं लेकिन युद्ध के पीछे छुपे स्वार्थों और उससे लाभ उठाने की संपन्न वर्ग की लिप्सा को शैलेंद्र ने जिस तरह से उजागर किया है, वह दुर्लभ है। शैलेंद्र बताते हैं कि युद्ध में जीत-हार किसी की हो पिसता अंततः ग़रीब तबका ही है। विजेताओं को जीत का गौरव मिलता है पर ग़रीब और बेबस हो जाता है। *इतिहास* शीर्षक से एक गीत देखें –

खेतों में, खलिहानों में,
मिल और कारखानों में,
चल-सागर की लहरों में
इस उपजाऊ धरती के
उत्तप्त गर्भ के अन्दर,
कीड़ों से रेंगा करते –
वे ख़ून पसीना करते!
वे अन्न अनाज उगाते,
वे ऊंचे महल उठाते,
कोयले लोहे सोने से
धरती पर स्वर्ग बसाते,
वे पेट सभी का भरते
पर ख़ुद भूखों मरते हैं!

यों स्वार्थ-सिद्धि युद्धों में,
अनगिन अबोध पिस जाते,
पूँजीपतियों की बढ़ती
लालच की ज्वालाओं में
अपने तन-मन की, धन की,
अपने अमूल्य जीवन की,
ये आहुतियां दे जाते!

चक्कर खाती धरती के
संग यह इतिहास पुराना
फिर-फिर चक्कर खाता है
फिर-फिर दुहराया जाता! (इतिहास, 1947)

ऐसा नहीं है कि उनके गीतों में सिर्फ शिकायतें और प्रतिरोध ही है। उन्हें भी अपनी जन्मभूमि उतनी ही प्यारी है। उसकी इज़्ज़त पर कोई आंच आएगी तो जान भी निसार है। अपने देश, अपनी जन्मभूमि से जिसे प्यार होगा उसे ही तो कुछ ग़लत होने पर गुस्सा करने का अधिकार होगा। देखें –

जिस ओर करो संकेत मात्र, उड़ चले विहग मेरे मन का,
जिस ओर बहाओ तुम स्वामी, बह चले श्रोत इस जीवन का!
तुम बने शरद के पूर्ण चांद, मैं बनी सिन्धु की लहर चपल,
मैं उठी गिरी पद चुम्बन को, आकुल व्याकुल असफल प्रतिपल,
जब-जब सोचा भर लूं तुमको अपने प्यासे भुज बन्धन में,
तुम दूर क्रूर तारक बन कर, मुस्काए निज नभ आंगन में,
आहें औ' फैली बाहें ही इतिहास बन गईं जीवन का!
जिस ओर करो संकेत मात्र! (जिस ओर करो संकेत मात्र! – 1945)

तुमको अपनी नादानी पर
जीवन भर पछताना होगा!

मैं तो मन को समझा लूंगा
यह सोच कि पूजा था पत्थर--
पर तुम अपने रूठे मन को
बोलो तो, क्या उत्तर दोगी?
नत शिर चुप रह जाना होगा!
जीवन भर पछताना होगा! (नादान प्रेमिका से – 1946)

उस दिन ही प्रिय जनम-जनम की
साध हो चुकी पूरी!
जिस दिन तुमने सरल स्नेह भर

मेरी ओर निहारा; (उस दिन – 1945)

यदि मैं कहूं कि हे मायाविनि
तुमने तन में प्राण भरा है,
और तुम्हीं ने क्रूर मरण के
कुटिल करों से मुझे हरा है –
बोलो, तुम विश्वास करोगी? (यदि मैं कहूं – 1946)

मेरी जन्म-भूमि,
मेरी प्यारी जन्म-भूमि!
नीलम का आसमान है, सोने की धरा है,
चाँदी की हैं नदियाँ, पवन भी गीत भरा है,
ऊंचा है, सबसे ऊंचा भाल हिमाला,
पहले-पहल उतरा जहां अंबर से उजाला,
मेरी जन्मभूमि, मेरी प्यारी जन्मभूमि! (जन्म-भूमि – 1947)

श्रेष्ठ साहित्य उसे ही माना गया जो जीवन की बात करता हो, निराशा के वातावरण में आशा का संचार करता हो, हारे हुए को फिर से उठ खड़े होने और जीतने की शक्ति देता हो, प्रेरणा देता हो, दुख में होते हुए भी जीवन के रणक्षेत्र में डटे रहने की शक्ति प्रदान करता हो। इसके अलावा और भी कई पैमाने हो सकते हैं। पर क्या शैलेंद्र का मूल्यांकन साहित्य के स्वीकृत-प्रचलित प्रतिमानों पर हो पाया है? जवाब ना में है।

शैलेंद्र ने छंदबद्ध और छंदमुक्त दोनों प्रकार की कविताएं लिखीं। उनके गीतों-कविताओं में भूख, ग़रीबी, अभाव जैसे भाव प्रमुख रूप से अभिव्यक्त हुए हैं। परंतु आशा-विश्वास, प्रेम, वात्सल्य, करुणा और सबसे महत्त्वपूर्ण व्यंग्य भाव भी बहुतायत में है। कुल मिलाकर उनके काव्य में गहरा मानवीय सरोकार और प्रखर राजनीतिक चेतना है, जो हिंदी के प्रगतिशील काव्य के महत्त्वपूर्ण गुण माने जाते रहे हैं। फिर भी

शैलेंद्र को आलोचकों ने हिंदी काव्य की मुख्यधारा में शामिल क्यों नहीं किया, समझ से परे है। इस बारे में एक राय यह हैः

> शंकर शैलेंद्र की अधिकांश कविताएं छंदोबद्ध हैं। छंदोबद्धता उनकी कविता में मुक्तक और प्रबंध दोनों ही पद्धतियों से घटित होती है ... इस कथा पद्धति और प्रतीकहीनता के कारण कविता साफ़ और समझ में आ जाने वाली बन पड़ती है। कविता यदि प्रथम श्रवण और प्रथम दृष्ट्या ही समझ में आ जाए तो लोग अकसर उसकी स्तरहीनता के प्रति आश्वस्त हो जाते हैं। शंकर शैलेंद्र के साथ भी समीक्षकों का व्यवहार बहुत कुछ ऐसा ही रहा है।[6]

[6] यह आंखों देखा जादू है, गीतों का जादूगर शैलेंद्र, ब्रज भूषण तिवारी, पृष्ठ 157।

10. बस मेरी यह अभिलाषा है . . .

बस मेरी यह अभिलाषा है . . .
सुनसान अंधेरी रातों में, जो घाव दिखाती है दुनिया
उन घावों को सहला जाऊं, दुखते दिल को बहला जाऊं
सुनसान मचलती राहों में, जो स्वप्न सजाती है दुनिया
निज गीतों में छलका जाऊं, फिर मैं चाहे जो कहलाऊं

जिन दिनों शैलेंद्र लिख रहे थे उन दिनों हिंदी कविता में छायावाद का दौर चल रहा था। उनकी रचना यात्रा छायावादी काव्य से ही शुरू हुई। उस समय की जितनी भी साहित्यिक पत्र-पत्रिकाएं थीं, उनमें शैलेंद्र के गीत और कविताएं निरंतर प्रकाशित हो रही थीं। उस समय के जितने भी काव्य सम्मेलन और गोष्ठियां होती थीं उनमें शैलेंद्र भी बराबर शरीक होते थे। उनकी ओजस्वी वाणी और गीत गाने की शैली श्रोताओं पर गहरा प्रभाव डालती थी लेकिन आलोचक-विशेषज्ञ उनके प्रति उदासीन रहे।

न तो वे किसी पाठ्यक्रम में हैं और न ही उन पर या उनके काव्य पर अकादमिक शोध हुए हैं। हां, कुछ व्यक्तिगत प्रयासों के फलस्वरूप उन पर कुछ पुस्तकें जरूर उपलब्ध हैं। इक्का-दुक्का अध्याय छोटी कक्षाओं के पाठ्यक्रम में हैं मगर शैलेंद्र के व्यक्तित्व और कृतत्व पर यह नगण्य जैसा ही है।

आश्चर्य होता है कि उनके समकक्ष या उनके बाद वाले कई कवियों-गीतकारों को उनके मुकाबले कई राष्ट्रीय और निजी सम्मान और पुरस्कार मिले लेकिन किसी को शैलेंद्र की याद नहीं आई। उन्हें भी नहीं जिन्होंने शैलेंद्र के लिए तारीफ़ों के पुल बांधे। उनकी मृत्यु के बाद से अब तक विभिन्न विचारधाराओं वाली सरकारें आईं और गईं लेकिन शैलेंद्र किसी विचारधारा में फिट नहीं बैठे!

शैलेंद्र कम उम्र में ही इस दुनिया से चले गए। लेकिन अपने गीतों के माध्यम से

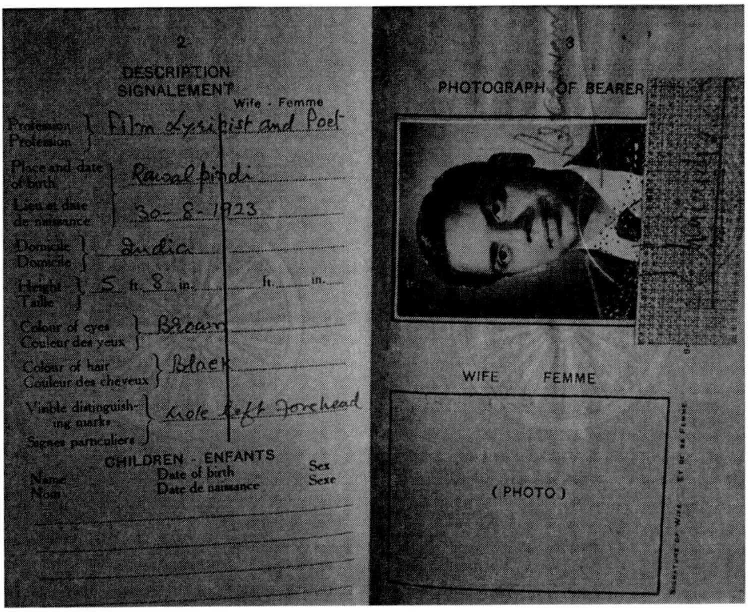

वे इस देश के लिए, देशवासियों के लिए बहुत कुछ दे गए। उनके फिल्मी गीतों में भी काव्य के सभी रस और तत्त्व मौजूद हैं। फ़िल्म के किसी पात्र के हिसाब से गीत लिखना कठिन है, तो आसान भी है। क्योंकि सारा आधार बना बनाया मिलता है गीतकार को। बस उसे अपने शब्द बिठाने होते हैं। लेकिन शैलेंद्र के गीतों में सिर्फ़ फिल्मी शब्द ही नहीं हैं। वहां गीतों के बहाने सामाजिक, राजनीतिक, आर्थिक अभिव्यक्ति और तीखी टिप्पणियां भी हैं। यही शैलेंद्र के गीतों की विशेषता भी है। क्योंकि वे महज फिल्मी गीत न होकर हमारे जीवन में रचे-बसे अपने ही परिवेश के, अपनी ही भावनाओं के, उम्मीद के, अपने ही दुख की अभिव्यक्ति बन चुके हैं। फिर शैलेंद्र को पर्याप्त सम्मान क्यों प्राप्त नहीं हो सका?

हालांकि शैलेंद्र देश-विदेश के आम जन में भरपूर लोकप्रिय और सम्मानित हैं। और देखा जाए तो उन्हें किसी पहचान या सम्मान की आवश्यकता भी नहीं है। फिर भी यह हैरत की बात तो है ही कि हर साल थोक के भाव सम्मान और पुरस्कार बांटने वाले फिल्म जगत और उससे बाहर की साहित्यिक-ग़ैर साहित्यिक, सरकारी,

ग़ैर-सरकारी संस्थाओं का ध्यान उनकी ओर नहीं गया। जन-जन के गीतकार शैलेंद्र को उनका उचित सम्मान तो दूर, उनके नाम पर भी कोई सम्मान या पुरस्कार नहीं है। अपवादस्वरूप एक दो संस्थाएं शैलेंद्र के काम को आगे बढ़ा रही हैं और उनके नाम पर गीतकारों को सम्मानित कर रही हैं। लेकिन यह प्रयास व्यक्तिगत प्रयास हैं। संस्थागत प्रयास नहीं के बराबर हैं।

शैलेंद्र दलित थे। हालांकि उस समय दलित शब्द नहीं था। कह सकते हैं कि वे वर्णव्यवस्था में सबसे नीचे थे! उस पर से ग़रीब। वंचित तबक़े को शिक्षा प्राप्त करने में बहुत-बहुत मुसीबतों का सामना करना पड़ता था। आज भी स्थितियां बदली हैं लेकिन पूरी तरह नहीं। पहले तो दलितों को पढ़ने से ही रोका जाता था। लेकिन किसी तरह स्कूल तक पहुंच गए तो स्कूल में होने वाला जातिगत भेदभाव उन्हें तोड़कर रख देता था। ऐसे में शैलेंद्र के पिता केसरी लाल ने किसी भी क़ीमत पर पढ़-लिखकर गांव की दयनीय और ज़लालत भरी ज़िंदगी से छुटकारा पाने की ठानी।

वे पढ़ने में तेज़ थे। यह भी एक तरह से उनके लिए मुसीबत ही था क्योंकि सवर्ण जातियों के बच्चे उनको प्रताड़ित करते थे, उनका मज़ाक उड़ाते थे। फिर भी मैट्रिक की परीक्षा केसरीलाल सिंह ने प्रथम श्रेणी में उत्तीर्ण की। यह वह दौर था जब अंग्रेजों के शासनकाल में विश्व युद्ध के चलते सेना में भर्तियां हो रही थीं। तो केसरी लाल भी फ़ौज़ में भर्ती हो गए। ट्रेनिंग के बाद उनकी नौकरी शुरू हो गई। बाद में प्रमोशन के बाद वे रावलपिंडी आकर आर्मी कैंटीन में मैनेजर हो गए। यहीं पर शैलेंद्र का जन्म हुआ।

शैलेंद्र के जन्म के समय पिता केसरीलाल की आर्थिक स्थिति अच्छी थी। किसी तरह का अभाव नहीं था। लेकिन परिस्थितियों का ऐसा चक्र घूमा कि केसरीलाल की माली हालत बिगड़ती चली गई और वे आर्थिक बदहाली का शिकार हो गए। इसी के बाद शैलेंद्र अपने पिता के साथ मथुरा आ गए। मथुरा से झांसी और फिर मुंबई। यहां वे इप्टा से जुड़ गए और मज़दूरों-शोषितों की आवाज़ बन गए। धीरे-धीरे शैलेंद्र का झुकाव वामपंथ की ओर होता गया। प्रगतिशील काव्यधारा के वे अग्रणी हस्ताक्षर हैं। आज़ादी मिलने के बाद भी जब ग़रीबों की दशा नहीं सुधरी तो उन्होंने देसी हुकूमत के ख़िलाफ़ भी कलम चलाई। कभी सीधे-सीधे लिखा तो कहीं व्यंग्य के सहारे अपनी बात कही। इसलिए वे सबके चहेते नहीं बन सके। शायद इस कारण भी उन्हें वो हक और

स्थान हासिल नहीं हो सका जिसके वे हकदार थे। मथुरा में उन्होंने जीवन के महत्त्वपूर्ण साल बिताए लेकिन मथुरा ने भी उन्हें भुला दिया। 2017 में उत्तर प्रदेश सरकार ने धौली प्याऊ रोड का नाम शैलेंद्र मार्ग रखा। झांसी में उनके नाम पर ट्रेनिंग स्कूल की लाइब्रेरी को शैलेंद्र वाचनालय नाम दिया।

उनकी पैदाइश भले ही बिहार की नहीं थी मगर वे बिहार से अपना जुड़ाव महसूस करते थे, वे अपनी जड़ें वहीं देखते थे। वहां की मिट्टी, लोक कला, संस्कृति ख़ासकर भोजपुरी से उन्हें विशेष लगाव था। इसीलिए जब उन्होंने फिल्म निर्माण की सोची तो बिहार के एक अंचल की कहानी चुनी। यही नहीं उन्होंने भोजपुरी की पहली फिल्म *गंगा मैया तोहे पियरी चढ़इबो* के गीत लिखे। 'हे गंगा मइया तोहे पियरी चढ़इबो ... ' भोजपुरी का पहला और हिट गीत है जिसे लता मंगेशकर और उषा मंगेशकर ने अपनी आवाज़ें दीं। *गंगा मैया तोहे पियरी चढ़इबो* के अलावा शैलेंद्र ने *नैहर छूटल जाए, सैंया से नेहा लगइबे, गंगा, मितवा और बिधना नाच नचावे* जैसी चर्चित भोजपुरी फिल्मों के गीत लिखे।

शैलेंद्र ने छह फिल्मों में अभिनय भी किया है। ये हैं – *नया घर, बूट पॉलिश, श्री 420, नौकरी, मुसाफिर, तीसरी कसम*। *बूट पॉलिश* के गीत –'चली कौन से देश गुजरिया तू सज धज के' में जो कलाकार शाही बेंजो पर गा रहा है, वह शैलेंद्र ही हैं।

दिनेश शंकर शैलेंद्र के अनुसारः

> क़रीब पांच साल पहले एक मैसेज आया था कि वे पद्मश्री के लिए उनको कंसीडर कर रहे हैं, तो हमने वापस मैसेज भेजकर कहा फ़ौरन मना कर दीजिए, जो बीच में थे उन्होंने पूछा कि ऐसा रिएक्शन क्यों दे रहे हैं? तो हमारा साफ़ रिएक्शन था कि अगर ऐश्वर्या राय और सैफ अली खान के साथ शैलेंद्र को पदमश्री दिया जाएगा तो शैलेंद्र की तौहीन होगी।[1]

दिनेश शंकर शैलेंद्र, कोई बड़ा राष्ट्रीय सम्मान न मिलने के पीछे उनका दलित होना मानते हैं। यह बात उन्होंने एक बार प्रेस के सामने कही थी जिसके बाद दिनेश

[1] लेखक की दिनेश शंकर शैलेंद्र से बातचीत, 18 नवंबर 2022।

शंकर की काफ़ी आलोचना हुई। हालांकि जब फिल्मफेयर पुरस्कार की शुरुआत हुई तो पहले दो वर्ष लगातार शैलेंद्र को ही सर्वश्रेष्ठ गीतकार के पुरस्कार मिले। ये पुरस्कार क्रमशः 'ये मेरा दीवानापन है' (*यहूदी* – 1958) और 'सब कुछ सीखा हमने न सीखी होशियारी' (*अनाड़ी* – 1959) के लिए दिए। तीसरा फिल्मफेयर पुरस्कार उन्हें मरणोपरांत ब्रह्मचारी के गीत 'मैं गाऊं तुम सो जाओ' के लिए दिया गया। 'होंठों पे सचाई रहती है जहां दिल में सफाई रहती है' (*जिस देश में गंगा बहती है* – 1962), 'दोस्त दोस्त ना रहा प्यार प्यार ना रहा'(*संगम* – 1965) और 'सजन रे झूठ मत बोलो' (*तीसरी कसम* – 1967) के लिए सर्वश्रेष्ठ गीतकार के लिए शैलेंद्र नॉमिनेट हुए। बौद्धिक जगत में उनकी उपेक्षा को लेकर प्रहलाद अग्रवाल की यह टिप्पणी बहुत कुछ इशारा करती हैः

> उनके गीतों की तरल शीतलता-सहज बोधगम्यता – सीधे-सादे सुपरिचित शब्दों के समायोजन की गहराई में जो परम्परानुमोदित सूत्र कथात्मकता का साहचर्य और वर्तमान की लोलुप हताश की भयावहता का तुर्श तिरस्कार है – उसको पचा पाना बौद्धिकता के लिए मुमकिन भी कहां है। हर जमाने में साहित्यिक मठों के स्वयंभू प्रभुओं ने जनकवियों के साथ यही सुलूक किया है। हर जमाने ने अपने जमाने के कबीरों नजीरों को दुरदुराया है और गुजरे जमाने के कबीरों नजीरों की कब्रें खोदकर जगाया है।[2]

तीसरी कसम फिल्म को राष्ट्रपति के स्वर्णपदक के साथ, बंगाल फिल्म जर्नलिस्ट एसोसिएशन के 11 पुरस्कार प्राप्त हुए। यही नहीं इसे मास्को फिल्म समारोह में भी सम्मानित किया गया। विडंबना यही रही कि यह सब देखने के लिए शैलेंद्र इस दुनिया में नहीं थे।

माधुरी के पूर्व संपादक अरविंद कुमार का मानना हैः

> भारत में बौद्धिक मार्क्सवाद को हार्दिक सूफीवादी जामा पहनाने का काम शैलेंद्र

[2] कवि शैलेंद्रः ज़िंदगी की जीत में यकीन, प्रहलाद अग्रवाल, पृष्ठ 61।

ने किया। एक हद तक हम शैलेंद्र को आधुनिक कबीर कह सकते हैं। बड़ी से बड़ी दार्शनिक बात साधारण शब्दों में आम आदमी तक पहुंचाने की जो खूबी कबीर में थी, वही हमारे युग में शैलेंद्र में थी।[3]

प्रख्यात कवि नागार्जुन ने गीतों के उस जादूगर का अपनी इन काव्य पंक्तियों के ज़रिए तर्पण किया थाः

गीतों के जादूगर का मैं छंदों से तर्पण करता हूँ

सच बतलाऊं तुम प्रतिभा के ज्योतिपुत्र थे, छाया क्या थी,
भली-भांति देखा था मैंने, दिल ही दिल थे, काया क्या थी।

युग की अनुगुंजित पीड़ा ही घोर घन-घटा-सी छाई
प्रिय भाई शैलेन्द्र, तुम्हारी पंक्ति-पंक्ति नभ में लहराई।
तिकड़म अलग रही मुस्काती, ओह, तुम्हारे पास न आई,
फ़िल्म-जगत की जटिल विषमता, आख़िर तुमको रास न आई।
ओ जन मन के सजग चितेरे, जब-जब याद तुम्हारी आती,
आंखें हो उठती हैं गीली, फटने-सी लगती है छाती।[4]

[3] शैलेंद्र ... सूफी मार्क्सवादी – अरविंद कुमार, धरती कहे पुकार के ... गीतकार शैलेंद्र, संपादक: इंद्रजीत सिंह,पृष्ठ 137।

[4] शैलेंद्र के प्रति, आज के लोकप्रिय हिंदी कवि नागार्जुन, संपादक – प्रभाकर माचवे, राजकमल प्रकाशन, 1977।

11. कल का तमाशा निपटा लो

12 दिसंबर, 1966

तीसरी कसम की नाकामयाबी से नहीं, बल्कि अपनों की बेदिली से टूटे शैलेंद्र दुनिया और दोस्तों से बचकर घर में सिमट गए। उन्होंने बाहर निकलना बंद कर दिया। जो 'रिमझिम' बंगला गीत- संगीत की फुहारों से सराबोर रहता था और जिसके दरवाजे तक फिल्म जगत ही नहीं साहित्यजगत के दिग्गज खिंचे चले आते थे, अब उस पर क़र्ज़ का तगादा करने वाले आने लगे थे। कोई-कोई तो बेइज़्ज़त कर चला जाता था। शैलेंद्र अपने ऊपर चढ़ा सारा क़र्ज़ अदा करना चाहते थे। वह सक्षम भी थे, लेकिन उन्हें इस बात का गहरा सदमा लगा कि जिन्हें वह अपना समझते थे, वे अब किनारा करने लगे थे। *तीसरी कसम* की असफलता से ज़्यादा अपनों के धोखे सचमुच शैलेंद्र के लिए जानलेवा साबित हुए। रोज़-रोज़ के तगादों से तंग आकर शैलेंद्र घर के एक कोने में सिमटते गए। कभी-कभी तो घरवाले भी यही समझते कि वह घर में नहीं हैं। तन से तो वह घर में ही थे लेकिन मन उनका पखेरू हो चला था। दरअसल मन शांत नहीं था। मन अभी भी यह मानने के लिए तैयार नहीं था कि उन्हें फिल्म इंडस्ट्री के दोस्तों, वितरकों और फाइनेंसरों ने धोखा दिया है। सबसे अधिक इस बात का मलाल था कि जिनके दुख-दर्दों को उन्होंने शब्द दिए, वह चहेती जनता भी उनके सपने को चकनाचूर करने में शामिल है। 'याद न जाए बीते दिनों की, जा के न आए जो दिन, दिल क्यूं बुलाए . . . दिन जो पखेरू होते पिंजरे में मैं रख लेता, पालता उनको जतन से, मोती के दाने देता, सीने से रहता लगाए . . .'। *दिल एक मंदिर* के इस गीत की तरह अपने पुराने दिनों को याद कर शैलेंद्र जीने की कोशिश कर रहे थे, लेकिन मन का बोझ बढ़ता जा रहा था। ऐसा कितने दिन तक चलता! वह बीमार रहने लगे।

बायें से: बड़े बेटे मनोज, शैलेंद्र, दूसरे बेटे शैली शैलेंद्र, तीसरे बेटे दिनेश शंकर शैलेंद्र, पत्नी शकुंतला शैलेंद्र, बेटियां अमला मजूमदार और गोपा चंद्रा।

12 दिसंबर की रात कुछ ज़्यादा ही काली और भारी थी। सारी रात बेचैनी बढ़ती रही। इस बेचैनी में जैसे-तैसे रात कटी, सुबह हुई। शैलेंद्र पत्नी से बात करना चाह रहे थे, लेकिन उन्होंने तब तक इंतज़ार किया, जब तक बच्चे स्कूल नहीं चले गए (वह बच्चों पर अपने दुख और परेशानियों की छाया भी पड़ने नहीं देना चाहते थे)। बच्चों के स्कूल जाने के बाद उन्होंने अपनी पत्नी को बताया, 'उन्हें बहुत परेशानी हो रही है।' पत्नी ने उसी वक़्त राज कपूर को फोन किया। राज कपूर ने तुरंत कहा इन्हें डॉक्टर कपूर के पास ले जाओ। शैलेंद्र मान गए और अस्पताल जाने के लिए तैयार हो गए। (शैलेंद्र अस्पताल नहीं जाना चाहते थे। दरअसल, उन्हें अस्पताल के नाम से ही घबराहट होती थी लेकिन दर्द जब हद से गुज़र गया, बेचैनी असहनीयता की हद तक बढ़ गई तो उस दिन मान गए)। अस्पताल जाते हुए रास्ते में उन्होंने अपनी पत्नी से कहा कि मैं अपने दोस्त राज कपूर से मिलना चाहता हूं, मुझे उसके पास ले चलो। कार अस्पताल की बजाय राज कपूर के बंगले की तरफ मुड़ गई। राज कपूर और शैलेंद्र दोनों जब मिले तो बहुत देर तक एक-दूसरे को देखते रहे। शैलेंद्र राज कपूर को

उसी कॉटेज में ले गए, जहां दोनों ने बैठकर दिलों में उतर जाने वाले सैकड़ों गीत दिए। कोई दिन ऐसा नहीं होता था, जब वे दोनों इस कॉटेज में घंटों नहीं बैठे हों! शैलेंद्र राज कपूर से कहते थे कि अपना सब कुछ बच्चों को दे देना लेकिन ये कॉटेज अपने पास ही रखना। हम बूढ़े हो जाएंगे तो यहीं बैठा करेंगे। शैलेंद्र उस जगह को बड़े ग़ौर से देखे जा रहे थे। राज कपूर ने अपने दोस्त से कहा 'जीना यहां मरना यहां' गीत को पूरा कब करोगे? शैलेंद्र बोले 'कल का तमाशा निपटा लो फिर पूरा करते हैं'।

राज कपूर का जन्मदिन आरके स्टूडियो में बड़ी धूमधाम से मनाया जाता था और शैलेंद्र का इस तमाशे में होना आवश्यक होता था। वह इसी तमाशे की बात कर रहे थे। लेकिन शैलेंद्र तमाशे की जगह अस्पताल जा रहे थे। शैलेंद्र को नॉर्थकोट हॉस्पिटल में भर्ती करा दिया गया। हॉस्पिटल में यह रात शैलेंद्र के लिए भारी थी। वह अस्पताल के कमरे में बेड से बार-बार उठने की कोशिश करते। पूरी रात उठते-बैठते रहे। तबीयत में कोई सुधार नज़र नहीं आया। यह रात भी बड़ी मुश्किल से कटी। अगला दिन आया तो शैलेंद्र का फिर से मन बैठने लगा। अस्पताल में बिस्तर पर पड़े शैलेंद्र का मन बार-बार अपने दोस्त को उसके जन्मदिन पर बधाई देने का कर रहा था। वह फिर बेड से उतरकर बाहर जाने की कोशिश करते। डॉक्टरों से थोड़ी देर के लिए अस्पताल से बाहर जाने की ज़िद करते लेकिन डॉक्टरों ने मना कर दिया। शैलेंद्र की हालत ठीक नहीं थी। ठीक क्या शैलेंद्र की जान ख़तरे में थी, लिहाजा डॉक्टरों ने उनको ख़ून चढ़ाने का निर्णय किया। अस्पताल में शैलेंद्र के पास उनकी पत्नी, राज कपूर की पत्नी और गायक मुकेश थे।

इधर अस्पताल में शैलेंद्र को ख़ून चढ़ाने की तैयारी चल रही थी, उधर आरके स्टूडियो में राज कपूर के जन्मदिन की तैयारियां ज़ोरों पर थीं। लंच का समय था। स्टूडियो में सभी लंच कर रहे थे लेकिन राज कपूर अपनी कॉटेज में टेलीफोन के पास बैठे थे। तभी मुकेश का फोन आया कि शैलेंद्र कोमा में चले गए हैं। थोड़ी देर बाद फिर कॉल आई। शैलेंद्र ऑक्सीजन पर हैं। अगली कॉल में मुकेश ने बताया कि ख़ून चढ़ाया जा रहा है। 20 मिनट बाद, मुकेश ने राज कपूर को मनहूस खबर दी- शैलेंद्र नहीं रहे!

आरके स्टूडियो में राज कपूर के जन्मदिन की तैयारियां तो चल रही थीं, लेकिन एक तरफ़ शैलेंद्र के ठीक होने की प्रार्थनाएं भी की जा रही थीं। आरके स्टूडियो का

हर शख़्स शैलेंद्र के लिए दुआएं मांग रहा था, पर दुआएं काम नहीं आईं। शब्दों के जादूगर, जनकवि शैलेंद्र मात्र 43 वर्ष की आयु में ज़िंदगी की जंग हार गए।

शैलेंद्र की मृत्यु की ख़बर दुनिया भर में फैल गई। आरके स्टूडियो में जन्मदिन की सारी तैयारियां रोक दी गईं। राज कपूर सीधे अपने दोस्त के घर की तरफ़ रवाना हुए। उधर शैलेंद्र के पार्थिव शरीर को घर लाया गया और नीचे गैराज में रखा गया। राज कपूर आए, दोस्त को इस हालत में जमीन पर लेटा देखकर वहीं पर गिर पड़े। रोते-रोते कहते रहे, 'मेरा दाहिना हाथ चला गया। मेरा शैलेंद्र चला गया। मेरे दोस्त ने जाने के लिए कौन सा दिन चुना, किसी का जन्म, किसी का मरण ! कवि था न, इस बात को खूब समझता था'। जिस गीत के लिए तमाशे के पूरा होने की मोहलत शैलेंद्र ने मांगी थी, वह 'जीना यहां मरना यहां इसके सिवा जाना कहां' अधूरा रह गया और जीवन के इस खेल में शैलेंद्र का जाना, यों चले जाना, वह आख़िरी तमाशा बन गया, जिसे कोई देखना नहीं चाहता था।

राज कपूर के लिए इस दुख से उबर पाना आसान नहीं था। रिश्ता ही कुछ ऐसा बन गया था। उनका कहना था, 'मेरी आत्मा का एक हिस्सा चला गया है। यह उचित नहीं है। मैं अपने बगीचे के सबसे खूबसूरत गुलाबों में से एक को छीने जाने पर टूट कर रो रहा हूं। वह कितना महान और निःस्वार्थ व्यक्ति था, मेरे अस्तित्व का कितना महत्वपूर्ण हिस्सा था! अब वह हमेशा के लिए चला गया है'।

शैलेंद्र के गीत हमारे साथ आज भी हैं, लेकिन हम शैलेंद्र को भूल गए! जो 'रिमझिम' बंगला शैलेंद्र की असमय मृत्यु के समय गिरवी रखा था, उसे मुकेश ने उस समय बचा लिया था लेकिन उनके जाने के बाद, यह पारिवारिक विवाद में निर्जन हो गया। अदालत की तख़्ती रिमझिम के उजड़ने की गवाही दे रही है। 'सजन रे झूठ मत बोलो खुदा के पास जाना है, न हाथी है न घोड़ा है वहां पैदल ही जाना है' लिखने वाले इस महान गीतकार ने जीते-जी कभी सोचा भी नहीं होगा कि जिस रिमझिम को उसने एक-एक शब्द लिखकर खड़ा किया, जहां नगमों की महफिलें सजा करती थीं वहां एक दिन सन्नाटा होगा। इसकी देखभाल करने वाला भी कोई नहीं होगा, न अपना न पराया!

कल खेल में हम हों न हों गर्दिश में तारे रहेंगे सदा,
भूलोगे तुम भूलेंगे हम पर हम तुम्हारे रहेंगे सदा

क्योंकि जीवन के इस खेले में जब भी कोई हंसेगा, जब भी कोई मुस्कुराएगा, जब भी कोई रोएगा, जब भी किसी का दिल टूटेगा, जब भी कोई किसी को याद आएगा शैलेंद्र के गीत सदा साथ होंगे।